# ENGLISH TEMPLATE WRITING
## DEEPER IDEA DEVELOPMENT

Hirotoshi Yagihashi
Yuko Nomura
Naohiro Tatara
Ash L. Spreadbury

**KINSEIDO**

**Kinseido Publishing Co., Ltd.**

3-21 Kanda Jimbo-cho, Chiyoda-ku,
Tokyo 101-0051, Japan

First published 2024 by Kinseido Publishing Co., Ltd.

Design: Nampoosha Co., Ltd

Image Credit
Contents & Chapter 11 ©Gillian08 | Dreamstime.com

## 音声ファイル無料ダウンロード

https://www.kinsei-do.co.jp/download/4202

この教科書で 🎧 DL 00 の表示がある箇所の音声は、上記 URL または QR コードにて
無料でダウンロードできます。自習用音声としてご活用ください。

▶ PC からのダウンロードをお勧めします。スマートフォンなどでダウンロードされる場合は、
　 ダウンロード前に「解凍アプリ」をインストールしてください。
▶ URL は、**検索ボックスではなくアドレスバー (URL 表示欄)** に入力してください。
▶ お使いのネットワーク環境によっては、ダウンロードできない場合があります。

🎧 **CD 00** 　左記の表示がある箇所の音声は、教室用 CD（Class Audio CD）に収録されています。

# はしがき

　学生のみなさんのライティング答案を採点していると、英語で書かれてはいるものの、「日本語が透けて見える」と感じることがあります。語彙・表現・文法の知識をしっかりと持ち合わせている学習者が書いた英文であっても、段落を構成し、まとまった分量の英文を紡ぐとなると、やはり「日本語が透けて見える」ことがあります。これは、思考や発想のレベルでは、母語である日本語が主導権を握ったままになっていることが一因です。

　一文でも、まとまりのある英文でも、適格に表現するためには、「英語らしい表現」が求められます。この「らしさ」は、言語によって異なる「情報の展開パターン」に加え、「言及されることが期待される／期待されない情報」にも垣間見られます。

　ドイツ語の話になりますが、西嶋義憲 (2017)「日独新聞記事の文体比較のために：日本語らしい報道とドイツ語らしい報道」(『言語文化論叢』21. 83-98) によると、メディアが「交通事故を報じる」場合、事故の規模を示すためにドイツ語では「被害金額が明示される」(例えば「バスの物損は警察によると 2,500 ユーロに達する」) とのことです。日本語で交通事故を報じる際には、そのような情報はまったく見られませんから、ドイツ語で交通事故を報じる記事を見たことがない人には想像もつかないことだと思います。これがドイツ語では「言及されることが期待される情報」、日本語では「言及されることが期待されない情報」です。

　英語らしい英語で文章を書けるようになるには、英語母語話者による実例を一つ一つインプットし学んでいくことが大切です。しかし、実例に触れて自ら一般化して学んでいくには、単なるインプットでは不十分であり、「圧倒的なインプット」が求められます。

　本テキストは、大学生が英語を使うと想定される場面の実例から導き出した「テンプレート」を通して、この「圧倒的なインプット」を支援する意図で編集されました。英語らしい英語で文章を紡ぐことができるよう、英語らしい「情報の展開パターン」と「言及されることが期待される／期待されない情報」を涵養してほしいと思います。これにより、みなさんの英語の知識が、スキルにまで昇華されていくことを願っています。

著者一同

# ENGLISH TEMPLATE WRITING
## DEEPER IDEA DEVELOPMENT

## Table of Contents

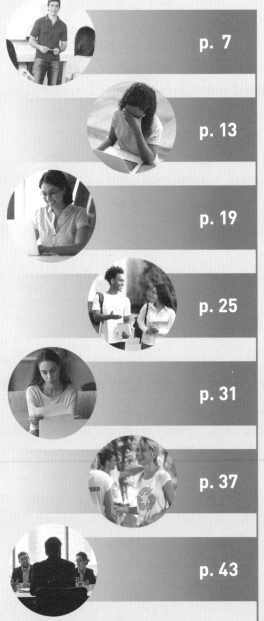

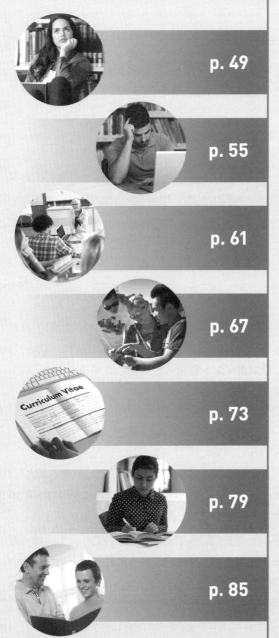

# 本テキストの構成と使い方

　ここでは、*English Template Writing* の構成や設問の内容、ねらいなどをまとめています。本テキストの特徴をよく理解して、英語の知識をスキルにまで高めていきましょう。

## 本テキストの構成

　本テキストは、実例から抜き出されたテンプレートを活用し、英語らしい「情報の展開パターン」や「言及されることが期待される／期待されない情報」を学ぶことを目的としています。大学生が英語を用いる場面を想定して用意された各Chapterは、5つのステップで構成され、順を追って学習内容が身に付くように構成されています。

### STEP 1　Let's ANALYZE!

　**STEP 1** では、英語母語話者と日本語母語話者による英文をじっくりと比較・分析し、英語らしい「情報の展開パターン」「言及されることが期待される／期待されない情報」に気づくことを目指してください。**ワンポイント解説**も参考にしながら、それぞれのChapterで学ぶべき内容をしっかりと意識しましょう。

### STEP 2　Let's INPUT!

　**STEP 2** は、それぞれのChapterで採り上げているテーマに関して、頻繁に用いられる語彙・表現をインプットすることを目指します。**INPUT ▼ Basic Words and Expressions** には、重要な知識としてストックしておいてほしい語彙・表現をリスト化しています。各自でさらに書き加えてリストを豊かにしていくのもよいでしょう。続く設問で、インプットした知識がセンテンスの中でどのように用いられるか、空所補充形式で演習していきます（空所には、入るべき語の語頭を示している場合もあります）。この演習では、インプットした知識を実際に使いながら理解を深めていきましょう。

### STEP 3　Let's OUTPUT!

　**STEP 3** は、**STEP 1** と **STEP 2** で学んだことをもとに、いよいよ自分で英文を書く練習に入ります。**1** から **3** は、「和文英訳」→「テンプレートを活用した英作文」へと、段階を踏んで演習できるように工夫されています。**STEP 1** のテンプレートを見ながらで構いませんので、英語らしい「情報の展開パターン」「言及されることが期待される／期待されない情報」を常に意識し、伝えたい内容を英語で表現する演習をしていきましょう。

**Let's PRACTICE!**

**STEP 4** では、英語母語話者による（**STEP 1** とは異なる）英文が新たに提示されます。**STEP 1** と同じく、英語らしい「情報の展開パターン」「言及されることが期待される／期待されない情報」を理解しようという意識を持って、丁寧に読み込みましょう。これにより、「日本語が透けて見える英文」から脱却する基礎を築くことができるはずです。

**Let's POLISH!**

**STEP 5** では、**STEP 4** で各自が作成した英文を使い、グループワークで互いにフィードバックし合うというタスクを行います。英語ライティングの力は、人に見てもらい、批評や指摘をしてもらうことで磨かれていきます。グループの他のメンバーが書いた英文に触れ、さらなる気づきも得てほしいと思います。

なお、本テキストでは以下の表記を用いています。設問の空所に動詞が入る場合、その活用形を指定している場合もあります。

| | | |
|---|---|---|
| *do* 動詞の原形 | *doing* 動名詞・現在分詞 | *done* 過去分詞 |
| S 主語 | V 動詞 | |

機械翻訳や生成系AIの技術・精度が大きく進展している現在では、いわゆる4技能（読む・書く・聞く・話す）に加え、AIを活用するスキルも英語学習には必要になっています。深層学習（deep learning）に基づく機械翻訳や生成系AIは、学習量とパターンの抽出という「量」を中心とする存在である一方で、私たちのコミュニケーションは通常「質」によって評価されます。

本テキストを使った授業では、機械翻訳や生成系AIを活用するか否か、授業で方針が示されると思います。しかし、上記で述べた「量」と「質」の問題を乗り越えられるのは、私たち人間の知性でしかありません。出力された英語が適切なのかどうか、人が判別するにはその人に確たる英語力が必要です。そのため、まずはみなさんが努力を重ね、英語力を卓抜した域にまで高められるよう願っています。

# Self-Introduction

英語には「英語らしい」自己紹介の仕方があります。英語の自己紹介に接する機会が十分になく、母語である日本語が思考の主導権を握ったままの場合、「日本語が透けて見える」自己紹介に陥ってしまいます。まずは、日本語を母語とする学生と、英語を母語とする学生が書いた自己紹介原稿を読み比べ、「英語らしい」自己紹介のポイントを把握しましょう。

## STEP 1   Let's ANALYZE!

**1** 次の2つの英文は、「学期の最初にクラス全体に向け30秒で自己紹介をする」という場面を想定して書かれた自己紹介文です。それぞれが、日本語母語話者と英語母語話者のどちらが書いたものか考えましょう。

### Self-Introduction  A

My name is Shunji Kaneshiro. I belong to the major of English linguistics because I am interested in intercultural communication. I am from Toyama prefecture and live alone in Tokyo. My hobby is singing and I often go to karaoke. My second language is Italian. I studied it in Italy this August. It was a very valuable experience for me because I studied not only languages but what a foreign life was like. Now I study Italian and sociolinguistics hard.

### Self-Introduction  B

Hello, my name is Taku Matsui. I am a sophomore studying Media and Governance. I am interested in media, specifically in non-fiction editorial writing. I was involved in editing my high school newspaper and I am now working on a club project to produce YouTube videos that explain current social issues. In the future, I would like to work in the mass media sector, and in this class, I would like to focus on media studies in order to think about my future in a more concrete way.

**2** 上記2つの英文にどのような違いがあるか、気付いたことをできるだけたくさん挙げましょう。

**3** 次は、**Self-Introduction B** からパターンを抜き出したテンプレートです。
**Self-Introduction B** を参考に、空所に入る情報の種類を語群から選び、テンプレートを完成させましょう。

> Hello, my name is ($^{1.}$　　　). I am a ($^{2.}$　　　) studying ($^{3.}$　　　). I am interested in ($^{4.}$　　　), specifically in ($^{5.}$　　　). I was involved in ($^{6.}$　　　) and I am now ($^{7.}$ *doing*　　　). In the future, I would like to work in ($^{8.}$　　　), and in this class, I would like to focus on ($^{9.}$　　　) in order to ($^{10.}$　　　).

①就職を希望する業界　　②この授業で特に力を入れたいことの理由
③関心事 (より具体的)　　④学年　　⑤この授業で特に力を入れたいこと
⑥これまで行ってきたこと (経験)　　⑦自分の名前　　⑧関心事 (概略)
⑨いま現在行っていること　　⑩専門分野

**4** **Self-Introduction A** と **B** をもう一度読み比べ、英語ではどのような情報をいかに展開するのが好まれるか、各自で考えましょう。その後、どのような相違があるかグループで話し合いましょう。

<br>

---

### ワンポイント解説

日本語母語話者によって書かれた **Self-Introduction A** は、「名前→現所属→出身地・現住地→趣味→第二学習言語→イタリア留学→現況」と情報が単発的に羅列されていますが、英語母語話者による **Self-Introduction B** では、抽象的に提示された情報をより具体的に置き換えることを通して「話題を膨らませる展開」となっています。この点が顕著に表れている箇所が ... in media, specifically in non-fiction editorial writing. です。まずは media と広く表現し、次に specifically「具体的には」によって、non-fiction editorial writing という具体的な内容が導かれています。

## STEP 2 Let's INPUT!

### INPUT ▽ Basic Words and Expressions

**1** 学年を表す表現

a freshman / a first year student「１年生」

a sophomore / a second year student「２年生」

a junior / a third year student「３年生」

a senior / a fourth year student「４年生」

**2** 学問分野を表す表現

| | | |
|---|---|---|
| aesthetics「美学」 | anthropology「人類学」 | ethics「倫理学」 |
| business administration「経営学」 | | economics「経済学」 |
| jurisprudence「法学」 | linguistics「言語学」 | literature「文学」 |
| philosophy「哲学」 | politics「政治学」 | psychology「心理学」 |
| sociology「社会学」 | statistics「統計学」 | history「歴史学」 |

自己紹介には、よく使われる表現があります。日本語を参考に、空所を英語で埋め、表現をストックしましょう。頭文字が与えられているところもあります。

**1.** 自己紹介をさせてください。私は18歳の4年生です。

Let me (　　　　　　　　　) myself. I'm an 18-year-old

(　　　　　　　　　) student.

**2.** リズと呼んでください。私は法学部に在籍しています。

Please (　　　　　　　　　) me Liz. I'm in the Faculty of

(　　　　　　　　　).

**3.** 私は経営学を専攻しています。

I am a (　　　　　　　　　) (　　　　　　　　　) major.

**4.** 私は三田大学の２年生、つまり２年目の学生です。

I am a (　　　　　　　　　), a ( **s**　　　　　　　　　)

year student at Mita University.

**5.** 私は経済学を専攻しています。

I am majoring ( i　　　　　　　　　) (　　　　　　　　　).

**Let's OUTPUT!**

**1** 話題を膨らませる表現を意識しながら、空所に正しい英語を書きましょう。頭文字が与えられているところもあります。

**1.** 私は楽器について、特にサックスについて学んでいます。

I am (　　　　　　　　　　) musical instruments, ( p　　　　　　　　　　 )
the saxophone.

**2.** 私はカジュアルな服装が好みではありません。具体的には、いつもネクタイをしています。

Casual dress is not my cup of tea. ( S　　　　　　　　　　 ), I always
( w　　　　　　　　　　 ) a shirt and tie.

**3.** 私はボランティア活動に関わっています。さらに世界の貧しい子どもたちを救うために寄付を募っています。

I am ( i　　　　　　　　　　 ) in volunteer activities. In ( a　　　　　　　　　　 ),
I am collecting donations to help needy children in the world.

**4.** 私は日本のアニメ、とりわけ、ジブリ映画に興味があります。

I am (　　　　　　　　　　) in Japanese animation, in ( p　　　　　　　　　　 ),
Ghibli movies.

**2** 自己紹介をする場面を思い浮かべながら日本語文を完成させましょう。その後、主語や語順を意識し、英文を書きましょう。

**1.** 私の一番好きな食べ物は＿＿＿＿＿＿＿＿＿＿です。特に＿＿＿＿＿＿＿＿＿＿です。

＿＿＿＿＿＿＿＿＿＿＿＿＿＿＿＿＿＿＿＿＿＿＿＿＿＿＿＿＿＿＿＿＿＿＿＿

**2.** 私は＿＿＿＿＿＿＿＿＿＿に関心があります。特に＿＿＿＿＿＿＿＿＿＿です。

＿＿＿＿＿＿＿＿＿＿＿＿＿＿＿＿＿＿＿＿＿＿＿＿＿＿＿＿＿＿＿＿＿＿＿＿

**3** **Self-Introduction B** のテンプレートを活用し、話題を膨らませる表現を使い、p. 95 に自分自身の自己紹介文を書きましょう。

## STEP 4 Let's PRACTICE!

**1** **Self-Introduction C** も英語母語話者による自己紹介文です。空所に入る情報の種類を語群から選び、テンプレートを完成させましょう。

## Self-Introduction C

Hello, my name is Robin and I am from Portugal. I am a *diligent and sociable person who enjoys conversing with others and working in groups. My favorite activity is trying new things that other people find interesting, particularly ones that involve a lot of people. My dream is to travel all around the world. To make my dream come true, in addition to working hard at part-time jobs to save money, I attempt to study as many languages and cultures as possible from across the globe. This is because I'd like to chat with the locals in their own languages.

↓

*diligent「勤勉な」「真面目な」（hardworkingよりもやや堅い響き）

Hello, my name is ( 1.     ) and I am from ( 2.     ). I am a ( 3.     ) person who ( 4. do     ). My favorite activity is ( 5.     ), particularly ones that ( 6. do     ). My dream is to ( 7.     ). To make my dream come true, in addition to ( 8.     ), I attempt to ( 9.     ). This is because ( 10.     ).

①性格（概略）　②将来の夢　③夢の実現のためにBを行っている理由
④趣味（概略）　⑤自分の名前　⑥出身地
⑦夢の実現のために行っていることA　⑧趣味（より具体的）
⑨性格（より具体的な説明）　⑩夢の実現のために行っていることB

### ワンポイント解説

**Self-Introduction C** は、大きく分けて「①自分について→②趣味について→③夢について」という３つの話題で構成されています。話題が次々に投入されているように見えますが、やはり「話題を膨らませる展開」になっています（e.g. ... new things ..., particularly ones that ...）。自己紹介はさまざまなシーンで行われます。**Self-Introduction B** と **C** は「話題を膨らませる話題展開」という共通点はあるものの、前者は教室というフォーマルな場面、後者はプライベートな場で初めて会う人に挨拶するなどのインフォーマルな場面に合います。

**2** **Self-Introduction C** を参考に、話題の膨らませ方を意識しながら、p. 95に自己紹介文を書きましょう。

**Let's POLISH!**

**1** *STEP 4*で作成した英文を使い、グループでお互いに自己紹介をしましょう。また、相手から得た情報を表にまとめましょう。

| | メンバー1 | メンバー2 |
|---|---|---|
| 名前 | | |
| 出身地 | | |
| 性格（概略） | | |
| 性格（より具体的な説明） | | |
| 趣味（概略） | | |
| 趣味（より具体的） | | |
| 将来の夢 | | |
| 夢の実現のために行っていることA | | |
| 夢の実現のために行っていることB | | |
| 夢の実現のためにBを行っている理由 | | |

**2** 相手の自己紹介文について、良くできている点や修正が必要だと思われる点を書き出し、お互いにフィードバックしましょう。

**3** **2**で相手からもらったアドバイスを参考に、*STEP 4*で書いた英文をp. 97に書き直しましょう。

**4** p. 97の**Check Points**にて、この章のふりかえりをしましょう。

# Apologies

非を認めて相手に謝罪の気持ちを伝えるとき、悪気はなくとも、一歩間違えば受け入れてもらえず、事態がさらに悪化する可能性があります。謝罪や反省の意を示す場合にも、「英語らしい」書き方があります。英語で「言及することが期待される情報」と「言及することが期待されない情報」を学びましょう。

Chapter **2**

## STEP 1 Let's ANALYZE!

**1** 次の2つの英文は、「研究室を訪問する約束を忘れていた」という場面を想定して書かれた謝罪メールです。それぞれが、日本語母語話者と英語母語話者のどちらが書いたものか考えましょう。

### Apologies A

Dear Professor Garcia,

Thank you for your continued guidance. Today I have been very busy in the morning and forgot to visit your office. I will take great care to avoid such a situation in the future. Once again, I apologize for the inconvenience today. Thank you for your continued support and guidance.

Sincerely,

Naomi Yamada

### Apologies B

Dear Professor Garcia,

I am deeply sorry for missing today's scheduled visit to your office. I apologize for this inconvenience. I have not been able to manage my time well, and I neglected to write the appointment down.

I realize that simply apologizing is not enough. However, I have learned from this experience and understand that a certain level of time-management and professionalism is expected of me as a university student. I assure you that this will never occur again.

Once again, please accept my sincerest apologies for being so rude.

Sincerely,

Kaho Honzawa

**2** 上記2つの英文にどのような違いがあるか、気付いたことをできるだけたくさん挙げましょう。

**3** 次は、**Apologies B**からパターンを抜き出したテンプレートです。**Apologies B**を参考に、空所に入る情報の種類を語群から選び、テンプレートを完成させましょう。

Dear (<sup>1.</sup>    ),

I am deeply sorry for (<sup>2.</sup>    ). I apologize for this inconvenience. I have not been able to (<sup>3.</sup>    ), \*and I (<sup>4.</sup>    ).

I realize that simply apologizing is not enough. However, I have learned from this experience and understand that (<sup>5.</sup>    ). I assure you that this will never occur again.

Once again, please accept my sincerest apologies for (<sup>6.</sup>    ).

Sincerely,

(<sup>7.</sup>    )

\* この and は "the primary reason for my rudeness being that" の意味

①署名（自分の名前）　②今回学んだこと　③謝罪すべき内容（概略）
④相手の敬称・名前　⑤すべきであったにもかかわらず怠っていたこと
⑥すべきであったこと　⑦謝罪すべき内容（言い換え）

**4** **Apologies A**と**B**をもう一度読み比べ、英語ではどのような情報をいかに展開するのが好まれるか、各自で考えましょう。その後、どのような相違があるかグループで話し合いましょう。

☞ **ワンポイント解説**

日本語では、冒頭に「平素大変お世話になっております」「いつもご指導くださりありがとうございます」といった感謝の気持ちを含む挨拶が配置されることが多いです。しかし、英語で真剣に謝罪する場合、このような挨拶は「言及することが期待されない情報」であり、まずはお詫びの気持ちを提示することが一般的です。**Chapter 1**で学んだように、情報を単発的に羅列させることなく、「謝罪の表明→どうすべきであったか認識の提示→教訓として学んだこと→今後の決意表明」という流れで謝罪に徹することが求められます。

## STEP 2 Let's INPUT!

---

**INPUT** ⟱ **Basic Words and Expressions**

❶ 謝罪の気持ちを表明する表現
I am deeply sorry for ~.「〜については誠に申し訳ございません」
Please accept my apologies for ~.「〜ことに対してお詫び申し上げます」
I regret ~.「〜を申し訳なく思います」
I realize that simply apologizing is not enough.
「謝って済むことではないと理解しております」

❷ 理由を伝える表現
This is due to ~.「これは〜が理由です」
The reason is that [because] SV.「理由はSVです」

❸ 今後の対応を表す表現
In the coming days, you will hear more from me.「近日中に詳細をご報告いたします」
I will take further steps to resolve this issue.
「本件に対応するため、さらに策を講じます」
It will not happen again.「今後同様のことが起きないようにします」
I will be careful.「気を付けます」

---

お詫びする場面では、よく使われる表現があります。日本語を参考に、空所を英語で埋め、表現をストックしましょう。頭文字が与えられているところもあります。

1. 返信が遅くなりましたこと、心よりお詫び申し上げます［私の心からのお詫びを受け入れてください］。

   Please (　　　　　　) my ( **s**　　　　　　) apologies for the delay in
   responding to you.

2. 物事を解決するためにもっと早く行動しなかったことを後悔しています。

   I (　　　　　　) not acting ( **f**　　　　　　) to sort things out.

3. 提出が遅れたのは［理由は］、私がメールを十分に確認していなかったからです。

   The ( **r**　　　　　　) for the delay in submission is that I did not fully
   ( **c**　　　　　　) the email.

4. 今後は気をつけます［もっと気をつけます］。

   I will be (　　　　　　) ( **c**　　　　　　) in the future.

5. 授業を欠席した理由は体調不良だったからです。

   The (　　　　　　) I missed the class was that I was feeling under the ( **w**　　　　).

**1** 謝罪文であることを意識しながら、空所に正しい英語を書きましょう。頭文字が与えられているところもあります。

**1.** 大変申し訳ございませんが、今日は休ませていただきたく存じます。

I am ( d⎵⎵⎵⎵⎵⎵⎵⎵⎵ ) sorry, but I need to ( t⎵⎵⎵⎵⎵⎵⎵⎵⎵ ) today off.

**2.** 私の寝不足の主な原因は、ここ数日、徹夜で勉強が続いたことです。

The ( p⎵⎵⎵⎵⎵⎵⎵⎵ ) reason for my lack of sleep is that I've been

( u⎵⎵⎵⎵⎵⎵⎵⎵ ) all night studying for the last few days.

**3.** 自分の体調管理［自分を面倒見ること］がしっかりとできていないことを申し訳なく思います。

I ( ⎵⎵⎵⎵⎵⎵⎵⎵⎵ ) for not being able to look ( a⎵⎵⎵⎵⎵⎵⎵⎵ ) myself.

**4.** 二度とこのようなことが起きないとお約束します［このことが再び生じることはないと保証します］。

I ( a⎵⎵⎵⎵⎵⎵⎵ ) you that this will never ( ⎵⎵⎵⎵⎵⎵⎵⎵ ) again.

**2** 謝罪する場面を思い浮かべながら日本語文を完成させましょう。その後、主語や語順を意識し、英文を書きましょう。

**1.** 大変申し訳ございません。＿＿＿＿＿＿＿＿＿＿＿＿＿＿＿＿＿＿＿＿＿することを忘れていました。

＿＿＿＿＿＿＿＿＿＿＿＿＿＿＿＿＿＿＿＿＿＿＿＿＿＿＿＿＿＿＿＿＿＿＿＿＿＿

**2.** あいにく［残念ながら］、(曜日・日付など)＿＿＿＿＿＿＿＿＿＿＿＿＿＿＿＿＿ は都合がつきません。

＿＿＿＿＿＿＿＿＿＿＿＿＿＿＿＿＿＿＿＿＿＿＿＿＿＿＿＿＿＿＿＿＿＿＿＿＿＿

**3** **Apologies B** のテンプレートを活用し、過去に謝罪したことがある事例を思い浮かべながら、p. 99 に謝罪メールを書きましょう。

## STEP 4 Let's PRACTICE!

**1** Apologies Cも英語母語話者による謝罪メールです。空所に入る情報の種類を語群から選び、テンプレートを完成させましょう。

## Apologies C

🎧 DL 07　◎ CD 07

Dear Prof. Heath,

　Please accept my deepest apologies for missing my presentation this morning. I had prepared for the presentation, but yesterday I had a part-time job that lasted until late at night, and this morning I overslept. I realize that this is no excuse and take full responsibility.

　I greatly regret that I have neglected my studies, which are what I should be focusing on as a student. I will adjust my part-time job hours so that they do not affect my studies, and I will try to strike a better balance between my studies and work.

Sincerely yours,

Keita Suzuki

⬇

Dear ( **1.**　　　 ),

　Please accept my deepest apologies for ( **2.**　　　 ). I had ( **3.** *done*　　　 ), but ( **4.**　　　 ). I realize that this is no excuse and take full responsibility.

　I greatly regret that ( **5.**　　　 ), which ( **6.**　　　 ). I will ( **7.**　　　 ) so that ( **8.**　　　 ), and I will ( **9.**　　　 ).

Sincerely yours,

( **10.**　　　 )

---

①Aの目的　　②署名（自分の名前）　　③後悔していること
④謝罪すべき内容（概略）　　⑤相手の敬称・名前　　⑥今後の決意表明A
⑦今後の決意表明B　　⑧（目的の達成に向け）これまでしてきたこと
⑨謝罪すべき事態が生じた原因　　⑩後悔していることに関する情報の追加

---

 **ワンポイント解説**

「謝罪に徹する」ことは重要ですが、相手の厚意を断る場面では感謝の気持ち (e.g. Thank you for your invitation to the event.) を添えると文面の雰囲気が和らぎます (p. 32参照)。

**2** Apologies Cを参考に、過去に謝罪したことがある事例を思い浮かべながら、p. 99 に謝罪メールを書きましょう。

**Let's POLISH!**

**1** **STEP 4**で作成した英文を使い、どのような謝罪文を書いたかグループでお互いに報告をしましょう。また、相手から得た情報を表にまとめましょう。

| | メンバー1<br>[名前：　　　　　　　] | メンバー2<br>[名前：　　　　　　　] |
|---|---|---|
| 相手の敬称・名前 | | |
| 謝罪すべき内容（概略） | | |
| （目的の達成に向け）これまでしてきたこと | | |
| 謝罪すべき事態が生じた原因 | | |
| 後悔していること | | |
| 後悔していることに関する情報の追加 | | |
| 今後の決意表明A | | |
| Aの目的 | | |
| 今後の決意表明B | | |

**2** 相手の謝罪文について、良くできている点や修正が必要だと思われる点を書き出し、お互いにフィードバックしましょう。

| |
|---|
| |

**3** **2**で相手からもらったアドバイスを参考に、**STEP 4**で書いた英文をp. 101に書き直しましょう。

**4** p. 101の**Check Points**にて、この章のふりかえりをしましょう。

# Reports

クラブやサークル、ゼミの活動など、大学や教員に向けて何かしらの活動を報告するという場面があります。特に大学の公認団体は、学外で活動を行った場合、事後に報告書の提出を求められることがあります。日本語を母語とする学生と、英語を母語とする学生が書いた報告文を読み比べ、「英語らしい」報告文のポイントを把握しましょう。

## STEP 1　Let's ANALYZE!

**1** 次の2つの英文は、「サークルのイベント開催」について、報告書に記載する報告文です。それぞれが、日本語母語話者と英語母語話者のどちらが書いたものか考えましょう。

### Reports A

　We are pleased to report that the event, which had been approved in advance, ended without major problems. We held a live concert at the club KEEP THE BEAT in Kichijoji on December 5. We were happy to be able to show the results of our daily practice to the audience of about 100 people. Moreover, interacting with students from various universities was a valuable experience for us. The next live concert will be held on March 10 at the club TERRY'S NEST in Shinjuku to *commemorate the graduation of the fourth-year students.

*commemorate「〜を記念する」（特別な出来事や行事などに使う）

### Reports B

　On December 5, we held a live concert at KEEP THE BEAT, a club in Kichijoji. The show started at 5:00 p.m. and about 100 people gathered. Together with students from other universities, we were able to show the results of our daily practice. There were no major problems and the live performance ended without incident. The next live performance will be a farewell live for the 4th year students, and will be held at TERRY'S NEST in Shinjuku on March 10.

**2** 上記2つの英文にどのような違いがあるか、気付いたことをできるだけたくさん挙げましょう。

**3** 次は、**Reports A**からパターンを抜き出したテンプレートです。**Reports A**を参考に、空所に入る情報の種類を語群から選び、テンプレートを完成させましょう。

We are pleased to report that ( **1.**                ) without major problems. We ( **2.** *did*      ) at [in] ( **3.**        ) on ( **4.**        ). We were happy to be able to ( **5.**     ). Moreover, ( **6.**     ). The next ( **7.**    ) will be held on ( **8.**     ) at [in] ( **9.**    ) to ( **10.**    ).

①次回実施予定のイベント    ②実施予定日    ③達成できたことA
④報告する内容 (より具体的)    ⑤実施予定場所    ⑥報告する内容 (概略)
⑦次回実施予定イベントの目的    ⑧実施日
⑨達成できたことB (あるいは得られたこと)    ⑩実施した場所

**4** **Reports A**と**B**をもう一度読み比べ、英語ではどのような情報をいかに展開するのが好まれるか、各自で考えましょう。その後、どのような相違があるかグループで話し合いましょう。

---

**👉 ワンポイント解説**

英語母語話者は、出来事全体を俯瞰的に捉える傾向にあると言われています。そのため、「問題なく終了した」や「トラブルが発生した」のように、報告の全体像が端的に分かる文言を冒頭で述べ、理由や説明を続ける傾向にあります (because型)。一方、日本語母語話者は、出来事の個々の場面に入り込むような視点で、一つ一つの出来事を時系列に沿って情報を並べ、最後に結論を示す傾向にあります (therefore／so型)。

もちろん、I would like to report on ... 「～について報告いたします」のように客観的な書き出しもあり得ますが、好ましい報告の場合は、I am pleased to inform you that SVや I am pleased to report that SV、好ましくない報告の場合は、I am afraid that SVや I regret to inform you that SVなどを用いて、報告全体の方向性を明示することが多いと言えます。

## STEP 2  Let's INPUT!

---

**INPUT** ▽  **Basic Words and Expressions**

**❶ 進捗状況を表す表現**
on schedule「予定通りに」　　behind schedule「予定より遅れて」
ahead of schedule「予定より早く」　e.g. a day ahead of schedule「予定より1日早く」

**❷ 望ましい報告で用いられる書き出しの表現**
I am [We are] happy to inform you that SV.
I am [We are] pleased to inform you that SV.

**❸ 好ましくない報告で用いられる書き出しの表現**
I am [We are] sorry to inform you that SV.
I [We] regret to inform you that SV.
Unfortunately, SV.

**❹ 報告で用いられる客観的な書き出しの表現**
I am writing this to inform you that SV.
I would like to report on A.

---

報告文には、よく使われる表現があります。日本語を参考に、空所を英語で埋め、表現をストックしましょう。頭文字が与えられているところもあります。

**1.** 私は、私たちはプロジェクトを完了いたしましたことを [喜んで] ご報告申し上げます。

I am (　　　　　　　　　　　　　) to inform you that we have

( c 　　　　　　　　　　) the project.

**2.** 申し訳ございませんが、先週提出した書類に誤りがありました。[残念なお知らせですが、先週、私たちが提出した書類に誤りがありました]

I ( r 　　　　　　　　　) to inform you that the (　　　　　　　　　　　　)

we submitted last week were incorrect.

**3.** 私たちはバスに乗り遅れたにも関わらず、ホテルには予定通りに到着しました。

In ( s 　　　　　　　　　　) of the fact that we missed the bus, we

arrived at the hotel on (　　　　　　　　　　).

**4.** 残念ながら、私たちの企画は支持を得られず、初戦で敗退いたしました。

(　　　　　　　　　　　), our plan ( l 　　　　　　　　　　) in the first round.

**5.** 私は、私たちのチームがその野球大会で優勝した [勝った] ことを報告したいと思います。

I would like to (　　　　　　　　　　　) that our team

(　　　　　　　　　　) the baseball tournament.

**Let's OUTPUT!**

**1** 報告文であることを意識しながら、空所に正しい英語を書きましょう。頭文字が与えられているところもあります。

**1.** ようやく内定を得て、[私の]就職活動が終了しましたことをご報告いたします[ご報告できることを嬉しく思います]。

I am ( p                         ) to report that I finally got a job offer and my job

hunt is ( f                ).

**2.** 今年の地域交流活動は、私たちにとって貴重な経験となりました。

The ( r                    ) exchange activities this year were a valuable

(                    ) for us.

**3.** 私たちがセミナーで学んだことをあなたと共有できることを嬉しく思います。

I am (                         ) to be able to share with you

( w                    ) we have learned in the seminar.

**4.** 次のコンサートがいつ開催されるか、情報が入り次第お知らせします。

We will let you (                              ) as soon as I have information about

when the ( n                    ) concert will be held.

**2** 報告する場面を思い浮かべながら日本語文を完成させましょう。その後、主語や語順を意識し、英文を書きましょう。

**1.** _____が理由で、私たちはプロジェクトを

1カ月間遅らせざるを得ません。

_____

**2.** _____の結果、部員の結束力が強まりました。

_____

**3** **Reports A**のテンプレートを活用し、部活・サークル・ゼミ活動あるいはアルバイト経験などを思い浮かべながら、p. 103に出来事を報告する文を書きましょう。

**STEP 4** Let's PRACTICE!

**1** Reports Cも英語母語話者による報告文です。空所に入る情報の種類を語群から選び、テンプレートを完成させましょう。

**Reports C** 　　　🎧 DL 10　◎ CD 10

Dear Professor Thomas Jones,

　I am pleased to report that I received a successful job offer today from my first-choice company. Since entering university, I have been preparing for employment in the airline industry. During the selection process, I stressed the importance of not only complying with the standards of the competent ministry, but also voluntarily setting even stricter standards for safety. This is a concept that I learned through your seminar activities, so it is safe to say that I would not have got this job if it were not for your fantastic teaching.

　Thank you again for all your help.

Best regards,

Hinano Konta

Dear ( **1.** 　　　　),

　I am pleased to report that ( **2.** 　　　　). Since entering university, I have been ( **3.** *doing* 　　　). During ( **4.** 　　　), I stressed ( **5.** 　　　). This is ( **6.** 　　　), so it is safe to say that ( **7.** 　　　).

　Thank you again for all your help.

Best regards,

( **8.** 　　　)

---

① (目的の達成に至るまでの) プロセス　　②強調したことの追加説明

③署名 (自分の名前)　　④相手の敬称・名前

⑤目標を達成した今だから言えること　　⑥報告する内容 (概略)

⑦強調したこと　　⑧ (目的の達成に向け) 準備してきたこと

---

👆 ワンポイント解説

**Reports C** は、第一志望の企業から内定を得たことについて、指導教員にメールで報告する場面を想定したものです。このように『嬉しい報告』をする場合、冒頭でそれを明示し、まずメール全体のトーンを明確に提示することが好まれます。

**2** Reports Cを参考に、高校時代お世話になった方に向けた「大学合格の報告メール」をp. 103に書きましょう。

**Let's POLISH!**

**1** **STEP 4**で作成した英文を使い、どのような報告文を書いたかグループでお互いに
報告をしましょう。また、相手から得た情報を表にまとめましょう。

| | メンバー1<br>［名前：　　　　　　　］ | メンバー2<br>［名前：　　　　　　　］ |
|---|---|---|
| 相手の敬称・名前 | | |
| 報告する内容（概略） | | |
| （目的の達成に向け）準備して<br>きたこと | | |
| （目的の達成に至るまでの）<br>プロセス | | |
| 強調したこと | | |
| 強調したことの追加説明 | | |
| 目標を達成した今だから<br>言えること | | |

**2** 相手の報告文について、良くできている点や修正が必要だと思われる点を書き出し、
お互いにフィードバックしましょう。

| |
|---|
| |

**3** **2**で相手からもらったアドバイスを参考に、**STEP 4**で書いた英文をp. 105に書き
直しましょう。

**4** p. 105の **Check Points** にて、この章のふりかえりをしましょう。

# Requests

クラブやサークルの顧問、ゼミの指導教員に、印鑑やサイン、さらには推薦状を依頼する場面があります。特に推薦状の依頼に際しては、参考となる情報を過不足なく事前に提示することも重要です。日本語を母語とする学生と、英語を母語とする学生が書いた依頼文を読み比べ、「英語らしい」依頼文のポイントを把握しましょう。

**Chapter 4**

---

## STEP 1 Let's ANALYZE!

**1** 次の2つの英文は、「留学先に提出する推薦状」を指導教員に依頼するメールの文面です。それぞれが、日本語母語話者と英語母語話者のどちらが書いたものか考えましょう。

**Requests A**  DL 11 CD 11

Dear Prof. Richard Davis,

Thank you for your continued instruction. I would like to study abroad at UCLA and need a letter of recommendation. So I want you to help me. Thank you in advance for your assistance.

Azusa Sakai

**Requests B**  DL 12 CD 12

Dear Dr. Richard Davis,

I hope this email finds you well. I'm in the process of applying to UCLA and want to ask if you feel comfortable writing a strong letter of recommendation on my behalf. As my supervisor, I believe you could honestly and effectively *vouch for my positive attitude towards research.

The deadline for online submission of the letter is September 1st. For your reference, please find attached my most recent resume and a research plan.

I would like to offer my sincere appreciation in advance for your assistance and effort.

With warm regards,

Reie Kurihara

*vouch for ~「（主として個人的に）~を保証する」

**2** 上記2つの英文にどのような違いがあるか、気付いたことをできるだけたくさん挙げましょう。

**3** 次は、**Requests B** からパターンを抜き出したテンプレートです。**Requests B** を参
考に、空所に入る情報の種類を語群から選び、テンプレートを完成させましょう。

---

Dear ( **1.**     ),

  I hope this email finds you well. I'm in the process of ( **2.**     ) and want to ask
if you feel comfortable ( **3.**     ). As my ( **4.**     ), I believe ( **5.**     ).

  The deadline for ( **6.**     ) is ( **7.**     ). For your reference, please find
attached ( **8.**     ).

  I would like to offer my sincere appreciation in advance for your assistance and
effort.

With warm regards,

( **9.**     )

---

①署名（自分の名前）   ②提出期限   ③添付資料
④挑戦している最中のこと   ⑤相手の敬称・名前   ⑥依頼者の立場
⑦提出するもの   ⑧依頼の理由   ⑨依頼したい内容

**4** **Requests A** と **B** をもう一度読み比べ、英語ではどのような情報をいかに展開するの
が好まれるか、各自で考えましょう。その後、どのような相違があるかグループで
話し合いましょう。

---

### ワンポイント解説

推薦状は、応募者の人柄や業績などを具体的に記載する必要があるため、依頼に際して
はできるだけ多くの情報を提供することが求められます。上記のように、情報をまとめ
て添付ファイルで送信するほか、"For further information, please refer to the following
URLs."のように、参考となるウェブサイト情報を記載することも可能です。
なお、"I want you to *do*"という形式は、あまりにも直接的で高圧的な印象を受けます。
したがって、しかるべき相手に依頼する場合は、"I would like you to *do*"や "Could [Would]
you please *do*?"といった婉曲的な表現を用いることが多いです。

## STEP 2  Let's INPUT!

### INPUT ▽ Basic Words and Expressions

**❶ 丁寧に依頼する一般的な表現**

Could you (please) *do*?

Would you (please) *do*?

I would like you to *do*.

Would you mind if I ask you to *do*.

Would you mind *doing*?

**❷ 主としてメールや文書で丁寧に依頼する表現**

I would be grateful if you could *do*.

It would be helpful if you could *do*.

It would be greatly appreciated if you could *do*.

I would appreciate it [It would be appreciated] if you could *do*.

**❸ 控えめかつより丁寧に依頼する表現**

I was wondering if you could *do*.     Would it be possible for you to *do*?

I wonder if I could ask you to *do*.

依頼文には、よく使われる表現があります。日本語を参考に、空所を英語で埋め、表現をストックしましょう。頭文字が与えられているところもあります。

**1.** 次の月曜日までに書類の確認をお願いできましたら幸いです。[次の月曜日までに書類の確認をしていただけると、とてもありがたいです。]

I would be (　　　　　　　　) if you could (　　　　　　　　) the document by next Monday.

**2.** ２週間以内にお願いできましたら幸いに存じます。

I would ( a　　　　　　　　) it if you could finish it (　　　　　　) two weeks.

**3.** 研究室にお伺いするスケジュールを変更させていただけないでしょうか。

Would you mind if I ( a　　　　　　　) you to ( r　　　　　　) my visit to your office?

**4.** こちらにサインをお願いしたいのですが、よろしいでしょうか。

Would you mind ( g　　　　　　　) your (　　　　　　　　) on this?

**5.** もし可能でしたら、履修登録について相談の時間を設けていただけませんか。

Could I ( p　　　　　　　) make an appointment to ( c　　　　　　　) with you regarding course registration?

**Let's OUTPUT!**

**1** 依頼文であることを意識しながら、空所に正しい英語を書きましょう。頭文字が与えられているところもあります。

**1.** 彼は大学院に出願しているところです。あなたなら、どんなアドバイスをなさいますか。

He is in the (                                ) of applying to graduate school.

(                          ) advice would you give?

**2.** 私はあなたの多大なるご協力に、まずもって［先立って］心から感謝申し上げます。

I would like to (                          ) my sincere appreciation in advance for your great (                      ).

**3.** 締め切りまでに、この草稿をチェックいただけないでしょうか。

I would like to ask you if you feel ( c                        ) checking the draft by the (                    ).

**4.** お忙しい中、推薦状を書いてくださいますこと、心より御礼申し上げます。［私のために、推薦状を書く時間をとってくださいますことに感謝します］

I appreciate you ( t                           ) the time to write a letter of (                      ) for me.

**2** 依頼する場面を思い浮かべながら日本語文を完成させましょう。その後、主語や語順を意識し、英文を書きましょう。

**1.** <u>（企業名や業界）                       </u>に勤めている *OB・OGを紹介いただけませんか。
*OB・OGは an alumnus or alumna と表現できる。(cf. an alumni visit「OB／OG訪問」)

_____

**2.** <u>（書類）                              </u>に先生の印鑑をいただきたいのですが。

_____

**3** **Requests B**のテンプレートを活用し、p. 107に「海外留学に必要な推薦状」を依頼する文章を書きましょう。

## STEP 4 Let's PRACTICE!

**1** **Requests C**も英語母語話者による依頼文です。空所に入る情報の種類を語群から選び、テンプレートを完成させましょう。

**Requests C**  🎧 DL 13  💿 CD 13

Dear Professor Mary Brown,

I am writing this email to ask you to write me a letter of recommendation for an internship program in Melbourne. This is a yearly unpaid internship program meant to provide students the chance to gain job experience in an English-speaking nation. I am interested in working in an English-speaking country, and I would like to broaden my job hunting options by participating in this program.

A letter of recommendation from my academic adviser is necessary. May I ask for your assistance? Thank you in advance for your time and support.

Best regards,

Masahiro Shimizu

⬇

Dear ( **1.**         ),

I am writing this email to ask you to ( **2.**         ). This is ( **3.**         ) meant to [that] ( **4.**         ). I am interested in ( **5.**         ), and I would like to ( **6.**         ).

( **7.**         ) is necessary. May I ask for your assistance? Thank you in advance for your time and support.

Best regards,

( **8.**         )

①必要とされているもの　②希望すること　③依頼したいこと
④関心があること　⑤署名（自分の名前）　⑥相手の敬称・名前
⑦依頼内容に関わること（より具体的な説明）　⑧依頼内容に関わること（概略）

 ワンポイント解説

**Requests C** は推薦状を書いていただけるかどうかを尋ねることに主眼がある依頼文です。詳細な情報は了解を得てから届けるパターンもストックしておきましょう。

**2** **Requests C**を参考に、p. 107に奨学金応募時に必要な「推薦状を依頼するメール」を書きましょう。

**Let's POLISH!**

**1** **STEP 4**で作成した英文を使い、どのような依頼文を書いたかグループでお互いに報告をしましょう。また、相手から得た情報を表にまとめましょう。

| | メンバー1<br>[名前：　　　　　　] | メンバー2<br>[名前：　　　　　　] |
|---|---|---|
| 相手の敬称・名前 | | |
| 依頼したいこと | | |
| 依頼内容に関わること<br>（概略） | | |
| 依頼内容に関わること<br>（より具体的な説明） | | |
| 関心があること | | |
| 希望すること | | |
| 必要とされているもの | | |

**2** 相手の依頼文について、良くできている点や修正が必要だと思われる点を書き出し、お互いにフィードバックしましょう。

**3** **2**で相手からもらったアドバイスを参考に、**STEP 4**で書いた英文をp. 109に書き直しましょう。

**4** p. 109の **Check Points** にて、この章のふりかえりをしましょう。

# Declining / Refusals

クラブ・サークル・ゼミの合宿や、学園祭のステージ・音響のレンタル・設営など、外部業者から相見積もりを取り、依頼しない業者に断りの連絡を入れる場面があります。海外の企業とやり取りすることもあるでしょう。日本語を母語とする学生と、英語を母語とする学生が書いた断りの文章を読み比べ、「英語らしい」断り方のポイントを把握しましょう。

Chapter 5

## STEP 1 Let's ANALYZE!

**1** 次の2つの英文は、クラブ活動として実施する企画の協賛企業の選定について、ある企業の担当者に断りを入れるメールの文面です。それぞれが、日本語母語話者と英語母語話者のどちらが書いたものか考えましょう。

### Declining / Refusals A

🎧 DL 14 💿 CD 14

Dear Mr. John Williams,

　Thank you for your interest in our club team. After careful thought, we have picked another sponsor for the new project. The main reason is that, although the plan you proposed was very attractive, there was a large discrepancy between your estimate and our total budgeted amount. We only have a limited budget for the project, and therefore we had no choice but to decline the proposal.

　We wish you the best of luck in your business and thank you for your interest in our project.

Warmest regards,

Yuta Oikawa

### Declining / Refusals B

🎧 DL 15 💿 CD 15

Dear Mr. John Williams,

　Thank you very much for your kind offer of sponsorship. As this is a new project, we have not yet fully finalized some of the details, and we apologize for any inconvenience this may have caused. Your support plan is very attractive, and although there was some discussion about the possibility of working together with you, we have come to the conclusion that we would like to ask you to do so on another occasion. We wish your company continued growth and success.

Sho Kato

**2** 上記2つの英文にどのような違いがあるか、気付いたことをできるだけたくさん挙げましょう。

**3** 次は、**Declining / Refusals A**からパターンを抜き出したテンプレートです。
**Declining / Refusals A**を参考に、空所に入る情報の種類を語群から選び、テンプレートを完成させましょう。

Dear ( **1.**      ),
  Thank you for your interest in ( **2.**      ). After careful thought, ( **3.**      ). The main reason is that ( **4.**      ). We ( **5.**      ), and therefore we had no choice but to decline the proposal.
  We wish you the best of luck in your business and thank you for your interest in ( **6.**      ).
Warmest regards,
( **7.**      )

---

①署名（自分の名前）　②相手が関心を持ってくれたこと（言い換え）
③お断りする主な理由に関する補足説明　④相手の敬称・名前
⑤相手が関心を持ってくれたこと　⑥お断りする内容
⑦お断りする決定に至った主な理由

---

**4**　**Declining / Refusals A**と**B**をもう一度読み比べ、英語ではどのような情報をいかに展開するのが好まれるか、各自で考えましょう。その後、どのような相違があるかグループで話し合いましょう。

---

👆 **ワンポイント解説**

相手に断りを入れるとき、その意思を明確に言葉で提示する必要があります。英語は日本語よりも、はっきりと意思表示をすると思われていますが、相手に配慮した伝え方を心がけることは大切です。例えば、何かを勧められて断りたいときは、"No thank you." とぶっきらぼうに断るよりも、"Thank you, but no thank you." と感謝の気持ちを表現した方が丁寧な印象になります。このように相手に断りを入れる際、特にやんわりと断る際には、御礼の気持ちもきちんと表現すると、相手も断りを受け入れやすくなるのです。

## STEP 2 Let's INPUT!

### INPUT ▽ Basic Words and Expressions

❶ （提案などを）やんわりと断る表現

Unfortunately, I [we] cannot accept A.「残念ながら、Aを受け入れることはできません」

I am [We are] afraid that I [we] will not be able to accept A.

「申し訳ございませんが、Aをお受けできません」

I [We] regret to let you know that SV.

「残念ではございますが、SVということをお伝えいたします」

❷ やむを得ず受け入れられないと断る表現

I [We] wish I [We] could accept A, but SV.

「Aをお受けできたらよいのですが、SV（のため難しい）です」

I [We] would like to *do* with you, but I am [we are] afraid I [we] cannot.

「できれば*do*をご一緒したいのですが、残念ながらできません」

❸ 文末に添えて誠意を伝える表現

Thank you for understanding.「ご理解くださいますようお願いいたします」

Please accept my [our] regrets.「恐れ入りますが、ご了承ください」

断りの意思を伝える際には、よく使われる表現があります。日本語を参考に、空所を英語で埋め、表現をストックしましょう。頭文字が与えられているところもあります。

**1.** 申し訳ありませんが、この科学体験は小学生以下のお子様のみご利用いただけます。

We (                              ) to let you know that this science event is
only for elementary school children and ( u                              ).

**2.** 申し訳ございませんが、現状では、ご提案をお受けすることができません。

We are ( a                              ) that we cannot accept your
(                              ) at this current time.

**3.** あなたの提案をお受けできたらよいのですが、予算が不足しているため難しいです。

We (                              ) we could accept your proposal, but our
budget seems ( i                              ).

**4.** できればサンフランシスコまでご一緒したいのですが、残念ながらできません。

I would like to ( g                              ) to San Francisco with you, but
I am (                              ) I cannot.

**5.** 残念ながら、大学当局の指導の観点から、お申し出を受け入れることができません。

( U                              ), I cannot accept your ( o                              )
in light of guidance from the university authorities.

## STEP 3 Let's OUTPUT!

**1** 断りの文であることを意識しながら、空所に正しい英語を書きましょう。頭文字が与えられているところもあります。

**1.** 価格高騰によりご迷惑をおかけして申し訳ございません。

We apologize for any ( i ⎯⎯⎯⎯⎯⎯⎯⎯⎯⎯ ) caused by the
( p ⎯⎯⎯⎯⎯⎯⎯⎯⎯⎯ ) hikes.

**2.** あなたの企画は非常に魅力的ですが、ご提案されたスケジュールでは難しい状況にあります。

Your plan is very ( a ⎯⎯⎯⎯⎯⎯⎯⎯⎯⎯ ) but we are
( ⎯⎯⎯⎯⎯⎯⎯⎯⎯⎯ ) a difficult situation with the proposed schedule.

**3.** 私たちは、その方々に依頼するのはふさわしくないという結論に達しました。

We have come to the ( c ⎯⎯⎯⎯⎯⎯⎯⎯⎯⎯ ) that they are not the right
person to ( r ⎯⎯⎯⎯⎯⎯⎯⎯⎯⎯ ).

**4.** 私たちは、また別の機会に、あなたにその仕事をお願いしたいと思います。

We would like to ( ⎯⎯⎯⎯⎯⎯⎯⎯⎯⎯ ) you to do that
( w ⎯⎯⎯⎯⎯⎯⎯⎯⎯⎯ ) on another occasion.

**2** やんわりと断る場面を思い浮かべながら日本語文を完成させましょう。その後、主語や語順を意識し、英文を書きましょう。

**1.** ご親切に⎯⎯⎯⎯⎯⎯⎯⎯⎯⎯⎯⎯⎯⎯⎯⎯⎯⎯⎯⎯ (を) いただきありがとうございます。しかし、残念ながら現時点で私共はお引き受けすることができません。

⎯⎯⎯⎯⎯⎯⎯⎯⎯⎯⎯⎯⎯⎯⎯⎯⎯⎯⎯⎯⎯⎯⎯⎯⎯⎯⎯⎯⎯⎯⎯⎯⎯⎯⎯⎯⎯

**2.** 今回はご期待に添えない結果となりましたが、お時間を割いて⎯⎯⎯⎯⎯⎯⎯⎯⎯
⎯⎯⎯⎯⎯⎯⎯⎯⎯⎯⎯⎯⎯⎯ (して) くださいましたことに、心より御礼申し上げます。

⎯⎯⎯⎯⎯⎯⎯⎯⎯⎯⎯⎯⎯⎯⎯⎯⎯⎯⎯⎯⎯⎯⎯⎯⎯⎯⎯⎯⎯⎯⎯⎯⎯⎯⎯⎯⎯

**3** Declining / Refusals Aのテンプレートを活用し、過去にどうしても都合がつかなかったことを思い浮かべながら、p. 111に相手の提案を断る文を書きましょう。

**STEP 4** **Let's PRACTICE!**

**1** Declining / Refusals Cも英語母語話者による断りの文です。空所に入る情報の種類を語群から選び、テンプレートを完成させましょう。

## Declining / Refusals C

 DL 16　CD 16

Dear Ms. Susan Miller,

　Thank you for your detailed proposal for our school festival project. We have examined the materials that you supplied us. In the end, we have chosen not to include your product in our rankings of new college-life items. Unfortunately, while we agree your product is handy, it is too pricey for the ordinary college student. Hence, we have judged that your product is not suitable for our project to promote new, useful products to college students.

　Thanks again for taking the time to put this proposal together for us.

Yours truly,

Rina Tsukagoshi

---

Dear ( 1.　　　　 ),

　Thank you for ( 2.　　　　 ). We have examined ( 3.　　　　 ). In the end, ( 4.　　　　 ). Unfortunately, while we agree ( 5.　　　　 ), ( 6.　　　　 ). Hence, we have judged that ( 7.　　　　 ).

　Thanks again for taking the time to put this proposal together for us.

Yours truly,

( 8.　　　　 )

---

①参照した資料　　②お断りすることにしたこと（概略）　　③署名（自分の名前）
④提案のメリット　　⑤手間や時間をかけてくれたこと
⑥お断りすることにしたこと（より具体的）　　⑦相手の敬称・名前
⑧提案のデメリット

---

### ワンポイント解説

　Declining / Refusals C は、はっきりと提案を断る文面ですが、相手への配慮の言葉や、断るに至った理由を明示して、礼を尽くした文面になっています。

**2** Declining / Refusals Cを参考に、(引っ越し費用等の) 見積もりを出してもらった業者に、はっきりと断るメールの文面をp. 111に書きましょう。

**Let's POLISH!**

**1** **STEP 4**で作成した英文を使い、どのような断りの文を書いたかグループでお互いに報告をしましょう。また、相手から得た情報を表にまとめましょう。

| | メンバー1<br>[名前：　　　　　　　] | メンバー2<br>[名前：　　　　　　　] |
|---|---|---|
| 相手の敬称・名前 | | |
| 手間や時間をかけてくれたこと | | |
| 参照した資料 | | |
| お断りすることにしたこと（概略） | | |
| 提案のメリット | | |
| 提案のデメリット | | |
| お断りすることにしたこと（より具体的） | | |

**2** 相手の断りの文について、良くできている点や修正が必要だと思われる点を書き出し、お互いにフィードバックしましょう。

**3** **2**で相手からもらったアドバイスを参考に、**STEP 4**で書いた英文をp. 113に書き直しましょう。

**4** p. 113の**Check Points**にて、この章のふりかえりをしましょう。

# Proposals

提案文を書くときには、相手が求めていることに関して十分な調査が必要です。提案の全体像や目的を簡潔にまとめ、相手が理解しやすい構成で書くことが求められます。また具体的にどのような活動を計画し、実施するのか、その活動によりどのような成果を得ることができるのかを明確かつ具体的に提示することが必要です。

## STEP 1　Let's ANALYZE!

**1** 次の2つの英文は、学生団体によるゴミの分別と削減についての大学への提案文です。それぞれが、日本語母語話者と英語母語話者のどちらが書いたものか考えましょう。

### Proposals A　　　　🎧 DL 17　💿 CD 17

In today's world, environmental issues are getting a lot of attention. The media continues to report on extreme weather events such as heatwaves and torrential rains, and it is time for each of us to do something to protect the environment. Therefore, we propose an activity to promote trash separation and reduce the amount of trash generated on our university campuses. We are also planning to hold workshops for students, faculty, and staff to discuss the importance of waste reduction. We would appreciate your cooperation.

### Proposals B　　　　🎧 DL 18　💿 CD 18

We, the students of Sanda University, are writing to propose a waste management and recycling activity that involves collecting and sorting waste materials from our campus. We would like to participate actively in waste reduction efforts. To begin, we will encourage students to practice proper waste segregation and disposal. Furthermore, we will also arrange for the collection of recyclable materials such as paper, plastic, and aluminum. We plan to organize workshops and meetings to raise awareness among students about the importance of waste management. We believe this activity will be beneficial to the university and its students. We look forward to your support.

**2** 上記2つの英文にどのような違いがあるか、気付いたことをできるだけたくさん挙げましょう。

**3** 次は、**Proposals B**からパターンを抜き出したテンプレートです。**Proposals B**を参考に、空所に入る情報の種類を語群から選び、テンプレートを完成させましょう。

We, the students of ( **1.**         ), are writing to propose ( **2.**        ). We would like to ( **3.**        ). To begin, we will ( **4.**        ). Furthermore, we will also ( **5.**       ). We plan to ( **6.**       ). We believe ( **7.**       ). We ( **8.**       ).

①提案する活動内容（具体）3　　②締めの挨拶　　③所属している大学
④提案する活動内容（具体）1　　⑤提案する活動内容（抽象）
⑥提案する活動内容（具体）2　　⑦この活動の意義／この活動がもたらす効果
⑧提案の内容

**4** **Proposals A**と**B**をもう一度読み比べ、英語ではどのような情報をいかに展開するのが好まれるか、各自で考えましょう。その後、どのような相違があるかグループで話し合いましょう。

ワンポイント解説

日本語で相手に何かを提案するときは、現状の説明から始まり、その後に提案内容がくる構成になります。それは日本語では「起承転結」が好まれるためです。一方、英語の場合は、まず提案内容を簡潔にまとめ、徐々に具体的な計画とその活動の意義や効果、展望などを分かりやすく説明します。日本語の構成のまま英語にすると、英語では "Get to the point." 「要点を言って」と言われるかもしれません。

## STEP 2  Let's INPUT!

---

**INPUT** ▽  **Basic Words and Expressions**

見込まれる成果について提示する表現

We, A, propose B.「私たち A は B を提案します」

Our proposal includes ~ .「私たちの提案には、〜が含まれます」

These activities would promote ~.「これらの活動は〜を促進するものです」

Please let us know if SV.「もし SV であればぜひお知らせください」

We would be grateful if you could [would] *do*.

「もし *do* していただけるとありがたく思います」

---

提案する場面では、よく使われる表現があります。日本語を参考に、空所を英語で埋め、表現をストックしましょう。頭文字が与えられているところもあります。

**1.** 私たち本郷大学の学生自治会は、地域におけるワークショップ活動を提案します。

We, the Student Body Association of Hongo University, (                    )

a series of workshops in our (                    ).

**2.** 私たちの提案には、チームビルディング活動、ワークショップ、レクチャーなどの活動が含まれます。

Our (                    ) includes team-building activities,

( w                    ), and lectures.

**3.** これらの活動は、プロジェクトマネジメント、効果的なコミュニケーション、問題解決などのスキルの開発を促進するものです。

These activities would (                    ) the ( d                    )

of skills such as project management, effective communication, and problem-solving.

**4.** この企画にご興味があればぜひご連絡ください。

Please (                    ) us know if you are interested in this

(                    ).

**5.** 私たちのコミュニティに良い影響を与えるために、この取り組みに参加していただけるとありがたく思います。

We would be (                    ) if you (                    )

join us in this effort to make a positive impact in our community.

**Let's OUTPUT!**

**1** 提案文であることを意識しながら、空所に正しい英語を書きましょう。頭文字が与えられているところもあります。

**1.** この活動は、私たちの大学と地域社会とにとって有益であると信じています。

We believe this activity will be ( b 　　　　　　　　　　 ) to our university and the ( 　　　　　　　　 ) community.

**2.** 私たちは自治体の脱炭素化プロジェクトに積極的に参加したいと思っています。

We ( 　　　　　　　　　　 ) like to ( 　　　　　　　　　　 ) actively in this municipal decarbonization project.

**3.** LED照明への切り替えによるエネルギー消費の削減を計画しています。

We ( 　　　　　　　　 ) to ( r 　　　　　　　　　 ) energy consumption by switching to LED lighting.

**4.** 引き続きのご支援をお待ちしております。

We look ( 　　　　　　　　 ) to your ( c 　　　　　　　　 ) support.

**2** 提案する場面を思い浮かべながら日本語文を完成させましょう。その後、主語や語順を意識し、英文を書きましょう。

**1.** 私たちは、＿＿＿＿＿＿＿＿＿＿＿＿＿を提案するために、この手紙を書いています。

＿＿＿＿＿＿＿＿＿＿＿＿＿＿＿＿＿＿＿＿＿＿＿＿＿＿＿＿＿＿＿＿＿＿＿

**2.** 私たちは、＿＿＿＿＿＿＿＿＿＿＿＿＿＿＿＿＿＿＿＿＿＿＿＿＿を提案します。

＿＿＿＿＿＿＿＿＿＿＿＿＿＿＿＿＿＿＿＿＿＿＿＿＿＿＿＿＿＿＿＿＿＿＿

**3** **Proposals B**のテンプレートを活用し、図書館が募集している「本の展示企画」に提案する場面を思い浮かべながら、p. 115に提案文を書きましょう。

## STEP 4 Let's PRACTICE!

**1** Proposals Cも英語母語話者による提案文です。空所に入る情報の種類を語群から選び、テンプレートを完成させましょう。

**Proposals C**

 DL 19 CD 19

We are a group of university students studying Environmental Studies at Machida University. We are proposing a Plant Trees Initiative (PTI) in which we would like to collaborate with your organization to plant trees in our community to create a better, greener tomorrow. The PTI will help to reduce air pollution, enhance the local wildlife habitat, and provide our community with cleaner air. We hope that you will join us in this effort to make a positive impact in our community and create a healthier, more vibrant environment. Please let us know if you are interested in this project. We look forward to hearing from you soon.

We are a group of university students studying ( **1.**          ) at ( **2.**          ). We are proposing ( **3.**          ) in which ( **4.**          ). ( **5.**          ) will help to ( **6.**          ). We hope that ( **7.**          ). Please let us know if you are interested in this project. We look forward to hearing from you soon.

①具体的な活動内容　②相手に期待すること
③この活動の意義／この活動がもたらす効果
④提案する活動名称　⑤所属している大学
⑥自分達の専攻・研究内容　⑦活動名称（の言い換え）

 **ワンポイント解説**

**Proposals C** は、学生団体が地域の団体に環境保全のために植樹プロジェクトを提案する文章です。このような場合、提案するプロジェクトの目的だけでなく、その効果についても明確に書く必要があります。提案書は全体像から始まり、その後、具体的な計画やその効果を含めると、分かりやすく説得力のある文章になります。

**2** Proposals Cを参考に、学生団体が大学や地域団体にプロジェクトを提案する場面を思い浮かべながら、p. 115に提案文を書きましょう。

**Let's POLISH!**

**1** **STEP 4**で作成した英文を使い、どのような提案文を書いたかグループでお互いに報告をしましょう。また、相手から得た情報を表にまとめましょう。

| | メンバー1 <br> [名前：       ] | メンバー2 <br> [名前：       ] |
|---|---|---|
| 自分達の専攻・研究内容 | | |
| 所属している大学 | | |
| 提案する活動名称 | | |
| 具体的な活動内容 | | |
| 活動名称(の言い換え) | | |
| この活動の意義／<br>この活動がもたらす効果 | | |
| 相手に期待すること | | |

**2** 相手の提案文について、良くできている点や修正が必要だと思われる点を書き出し、お互いにフィードバックしましょう。

<br><br><br><br><br>

**3** **2**で相手からもらったアドバイスを参考に、**STEP 4**で書いた英文をp. 117に書き直しましょう。

**4** p. 117の **Check Points** にて、この章のふりかえりをしましょう。

# Recommendations / Personal Statements

Personal statementとは「志望動機・理由書」や「自己推薦文」のことで、留学準備や就職活動などで必要となります。経験や興味・関心、今後取り組みたいことを中心に、自分自身を志望先にアピールする重要な書類です。過不足なく明快に、しっかりと自分のことを伝えられるよう、英語らしいアピールの仕方・パターンを学んでいきましょう。

 **Chapter 7**

## STEP 1 Let's ANALYZE!

**1** 次の2つの英文は、志望する企業への「志望動機・理由書」「自己推薦文」です。それぞれが、日本語母語話者と英語母語話者のどちらが書いたものか考えましょう。

### Recommendations / Personal Statements **A**  DL 20  CD 20

To whom it may concern,

My name is Takuma Kakiuchi and I am a student of Toshima University. I am looking for work with a company where I can make use of the knowledge and skills that I acquired, particularly in the media club. I am interested in your company for its work in video production, and would like to take the opportunity to *immerse myself in this practice. I intend to diligently contribute to your organization.

If you have any questions, please feel free to contact me. I'm looking forward to hearing from you.

Respectfully,

Takuma Kakiuchi

*immerse oneself in ~「~に打ち込む」「~に没頭する」

### Recommendations / Personal Statements **B**  DL 21  CD 21

Dear person in charge,

My name is Yu Nakagawa and I am a student at Suginami University. I would like to work in a job where I can use English, and I would like to work for your company because you are expanding your business overseas. I have been actively serving customers at my part-time job, so I can communicate with people I have never met before. If I am able to join your company, I will make every effort to contribute to your company.

Respectfully yours,

Yu Nakagawa

**2** 上記2つの英文にどのような違いがあるか、気付いたことをできるだけたくさん挙げましょう。

43

**3** 次は、**Recommendations / Personal Statements A**からパターンを抜き出したテンプレートです。**Recommendations / Personal Statements A**を参考に、空所に入る情報の種類を語群から選び、テンプレートを完成させましょう。

To whom it may concern,

My name is ( **1.**        ) and I am ( **2.**       ). I am looking for work with a company where ( **3.**      ). I am interested in your company for its work in ( **4.**        ), and would like to take the opportunity to ( **5.**      ). I intend to diligently contribute to your organization.

If you have any questions, please feel free to contact me. I'm looking forward to hearing from you.

Respectfully,

( **6.**     )

①身分・立場　　②関心がある業務内容　　③その仕事に対する決意
④署名（自分の名前）　　⑤希望する会社の説明　　⑥自分の名前

**4** **Recommendations / Personal Statements A**と**B**をもう一度読み比べ、英語ではどのような情報をいかに展開するのが好まれるか、各自で考えましょう。その後、どのような相違があるかグループで話し合いましょう。

ワンポイント解説

提出先の担当者名が分からない場合、To whom it may concern（関係各位・ご担当者様）を宛名とすることが多くあります。定型表現ですので、いつでも使えるようにストックしておきましょう。

志望動機・理由書では、個人的な関心や経験および今後の展望や課題を過不足なく明快に示しながら、（それを実現するうえで）志望先がベストな場所であることを提示しなければなりません。**Chapter 1**から見てきたように、【抽象→具体】と話を膨らませることを意識しながら、志望動機・理由書で必要とされる情報を学びましょう。

## STEP 2 Let's INPUT!

### INPUT ▼ Basic Words and Expressions

**❶ 自分の強みを伝える表現**

My strength is my ability to *do*.「私の強みは *do* する能力があることです」

**❷ 自分をアピールする表現**

My skills will contribute to A as I can utilize my B.

「私のスキルは、B を活かすことができるため、A に貢献できます」

My skill set is a perfect fit for ~.「私が持つスキルは～に完全に合います」

I can contribute by ~.「～で貢献することができます」

I have X years' experience as a Y (in Z).

「私はYとして（Zにおいて）X年間の経験があります」

志望動機・理由書や自己推薦文には、よく使われる表現があります。日本語を参考に、空所を英語で埋め、表現をストックしましょう。頭文字が与えられているところもあります。

**1.** 私の強みは問題解決力があることです。

My (                    ) is my ability to ( **s**              ) problems.

**2.** 私は大学で学んだ統計分析の知識で貢献できます。

I can (                ) by using my knowledge of statistical analysis,
which I have ( **a**            ) in college.

**3.** 私が持つスキルは貴社に完全に合うと確信しております［合うという自信があります］。

I am ( **c**              ) that my skill (            ) is a perfect
fit for your company.

**4.** 臨床心理士としてのキャリアを生かし、従業員の心のケアを行うことができるので、私のスキルは貴社に貢献できると思います。

My skills will (                  ) to your company as I can utilize my
career as a clinical psychologist and ( **p**              ) emotional care
for your employees.

**5.** 私は高校生の指導において 5 年間の経験があります。

I have five years' (                    ) in (                ) high
school students.

**Let's OUTPUT!**

**1** 志望動機・理由書、自己推薦文であることを意識しながら、空所に正しい英語を書きましょう。頭文字が与えられているところもあります。

**1.** 私にはマルチタスクをこなす能力があり、あなたの事務所で熱心に働くつもりです。

I have the ( ) to multitask effectively and I intend to
work ( d ) in your office.

**2.** 私はこの機会に海外へ留学し、社会学の修士号をとりたいです。

I would like to take the ( ) to study in another country
and get a master's ( ) in sociology.

**3.** 私は、環境を守るための代替エネルギーの研究に力を入れられる組織での仕事を探しています。

I am ( ) for work with an organization where I can
( p ) effort into studying alternate energy sources to
protect the environment.

**4.** ご質問がありましたら、遠慮なくご連絡ください［私に連絡を取ることを躊躇しないでください］。

If you have ( ) questions, please don't
( h ) to contact me.

**2** 志望動機・理由書、自己推薦文を書く場面を思い浮かべながら日本語文を完成させましょう。その後、主語や語順を意識し、英文を書きましょう。

**1.** 私の目的を達成するためには、＿＿＿＿＿＿＿＿＿＿を経験することが不可欠です。

＿＿＿＿＿＿＿＿＿＿＿＿＿＿＿＿＿＿＿＿＿＿＿＿＿＿＿＿＿＿

**2.** 私は、＿＿＿＿＿＿＿＿＿＿＿＿＿＿する能力を身に付けることを目指しています。

＿＿＿＿＿＿＿＿＿＿＿＿＿＿＿＿＿＿＿＿＿＿＿＿＿＿＿＿＿＿

**3** **Recommendations / Personal Statements A**のテンプレートを活用し、留学先に提出する志望動機・理由書、自己推薦文をp. 119に書きましょう。

**STEP 4** **Let's PRACTICE!**

**1** **Recommendations / Personal Statements C**も英語母語話者による（奨学金に関する）自己推薦文です。空所に入る情報の種類を語群から選び、テンプレートを完成させましょう。

**Recommendations / Personal Statements** **C**

I believe that I would be a worthy recipient of this scholarship. Since entering the university, I have consistently worked hard academically, earning 84 credits at the end of my fourth semester with a GPA of 3.26. I am interested in the relationship between language and society, and I have taken courses in linguistics, particularly sociolinguistics and linguistic anthropology. As a student of this university, I will work diligently on my research and strive to write a good graduation thesis on a topic in sociolinguistics. I would be grateful if you could support me in the form of a scholarship.

I believe that I would be a ( **1.** ). Since ( **2.** ), I have consistently ( **3.** *done* ). I am interested in ( **4.** ), and I have taken courses in ( **5.** ), particularly ( **6.** ). As a ( **7.** ), I will ( **8.** ). I would be grateful if you could ( **9.** ).

①継続的に取り組んできたこと　②専門分野（概略）

③お願いしたいこと　④専門分野（より具体的）　⑤何に相応しい人物か

⑥今後熱心に取り組むこと　⑦自分の関心　⑧自分の立場

⑨取り組みを始めた時期

**ワンポイント解説**

**Recommendations / Personal Statements C** は、奨学金応募フォームに入力する自己推薦文です。奨学金の受給に相応しい人物であることをアピールするため、取得単位数・GPAスコアなど、客観的なデータを提示するようにしましょう。もしそのようなデータがない場合には、学生生活の中で努力して乗り越えられたエピソードを添え、「成果を出すことができる人」であると感じてもらえるように工夫しましょう。

**2** **Recommendations / Personal Statements C**を参考に、自己推薦で「学部長賞」に応募する際の自己推薦文をp. 119に書きましょう。

**1** **STEP 4** で作成した英文を使い、どのような自己推薦文を書いたかグループでお互いに報告をしましょう。また、相手から得た情報を表にまとめましょう。

|  | メンバー1<br>[名前：　　　　　　] | メンバー2<br>[名前：　　　　　　] |
|---|---|---|
| 何に相応しい人物か |  |  |
| 取り組みを始めた時期 |  |  |
| 継続的に取り組んできたこと |  |  |
| 自分の関心 |  |  |
| 専門分野(概略) |  |  |
| 専門分野(より具体的) |  |  |
| 自分の立場 |  |  |
| 今後熱心に取り組むこと |  |  |
| お願いしたいこと |  |  |

**2** 相手の自己推薦文について、良くできている点や修正が必要だと思われる点を書き出し、お互いにフィードバックしましょう。

**3** **2** で相手からもらったアドバイスを参考に、**STEP 4** で書いた英文をp. 121に書き直しましょう。

**4** p. 121の **Check Points** にて、この章のふりかえりをしましょう。

# Opinions

この章で扱う「意見」とは、事実や個人の嗜好を述べるのではなく、議論の余地がある事柄に対し、自身の立場を述べるものを想定しています。英語では意見を表明した後、その正当性を示す説明が続きますが、その際によく使われる表現について学びましょう。

Chapter 8

## STEP 1 Let's ANALYZE!

**1** 次の2つの英文は、「リサーチ課題を行う際の方法」について、適切な方法が何かを述べることを想定したものです。それぞれが、日本語母語話者と英語母語話者のどちらが書いたものか考えましょう。

### Opinions A

I think using Internet sources is the best way to do a research project. Information on the Internet is sometimes fake, but if we are careful enough, we can get the appropriate one. Going to the library and looking for the books that will help us can also be good, but because it takes time the Internet is better. With the Internet, we can do research anytime and anywhere with our smartphones or laptops, so we can get more information and deepen our understanding.

### Opinions B

Using the Internet is the best way to do this research project for the following two reasons. First, it is less time consuming to obtain new information. Considering our topic, we need to collect the most current and latest information efficiently and gain a better understanding of recent trends. Second, use of the Internet gives us more options regarding where and when we do the work, so each of us can spend more time on our project. We need to be careful about selecting the correct information online, but, for the two reasons above, the Internet will help us do a better job on the project.

**2** 上記2つの英文にどのような違いがあるか、気付いたことをできるだけたくさん挙げましょう。

**3** 次は、**Opinions B**からパターンを抜き出したテンプレートです。**Opinions B**を参考に、空所に入る情報の種類を語群から選び、テンプレートを完成させましょう。

( 1.　　　　 ) is the best way to ( 2. *do*　　　 ) for the following two reasons.
First, ( 3.　　　 ). Considering our topic, *we* need to ( 4.　　　 ) and
( 5.　　　 ). Second, ( 6.　　　 ) gives *us* ( 7.　　　 ), so *each of us* can ( 8.　　　 ).
*We* need to ( 9.　　　 ), but, for the two reasons above, ( 10.　　　 ).

①2つ目の理由（具体）　　②一番良いと思う方法に対して気を付けるべき点
③2つ目の理由（抽象）　　④一番良いと思う方法を用いる行為
⑤結論　　⑥1つ目の理由（抽象）　　⑦一番良いと思う方法の言い換え
⑧一番良いと思う方法　　⑨1つ目の理由の補強2（具体）
⑩1つ目の理由の補強1（具体）

**4** **Opinions A**と**B**をもう一度読み比べ、英語ではどのような情報をいかに展開するのが好まれるか、各自で考えましょう。その後、どのような相違があるかグループで話し合いましょう。

> **ワンポイント解説**

日本語母語話者によって書かれた**Opinions A**は、「自分の意見→反論の根拠→反論への対応→別の意見→自分の意見→自分の意見の理由→自分の意見の理由」と意見が繰り返されたり、異なる意見が述べられたりと、複数の情報が混在します。一方で、英語母語話者による**Opinions B**は、まず冒頭で意見表明をして、… for the following two reasonsと述べた後、First、そしてSecondと理由を述べています。また、「理由→理由についての詳細説明」という流れを2回繰り返しています。「理由」と同じく、「理由についての詳細説明」も文章の主題の根拠となります。この文章の場合はwe need to …やeach of us need to …といった表現を使って、述べられている意見の必要性を示し、さらに話題を膨らませるような展開となっています。そして最後には改めて意見表明をする構成となっています。

**STEP 2** **Let's INPUT!**

| **INPUT** ▽ **Basic Words and Expressions** |

❶ 意見を述べる表現

In my opinion, SV.「私の意見としては、SV」

~ is my opinion.「〜が私の意見です」　My opinion is that SV.「私の意見はSV」

❷ 意見の正当性を証明する表現

I have [There are] two reasons.「その理由は2つあります」

The following two points support my opinion.

「私の意見は次の2点に支えられます」

❸ 対象を評価して、意見として表すための表現（例）

S should *do* ~.「S は *do* するべきである」

*Do*ing [To *do*] can ~.「*do* することは（で）〜することができる」

It is necessary [essential/important/effective] to *do*.

「*do* することが必要 [必須／重要／効果的] である」

意見表明文には、よく使われる表現があります。日本語を参考に、空所を英語で埋め、表現をストックしましょう。頭文字が与えられているところもあります。

**1.** 大学生として、学業を第一に据えることは最も重要なことです。

As a university student, it is (　　　　　　　) to put your studies ( f　　　　　　　).

**2.** 私たちは、授業の登録をダブルチェックして、間違いないか確認をするべきです。

We (　　　　　　　　) double check the course registrations to
( m　　　　　　　　) sure there are no mistakes.

**3.** 学生にとって課題についてお互いにフィードバックを行うことは必須です。

It is ( e　　　　　　　) for students to ( g　　　　　　　) feedback
to each other on assignments.

**4.** 田中さんが私たちのグループリーダーに最もふさわしい人物だというのが私の意見です。

My (　　　　　　　　) is that Ms. Tanaka is the ( b　　　　　　　)
person to be our group leader.

**5.** 私の考えでは、同じ学期に関連する内容の複数の科目を履修したほうが効果的です。

In my ( o　　　　　　　), it is more ( e　　　　　　　) to take
several courses with related topics in one semester.

**Let's OUTPUT!**

**1** 意見表明文であることを意識しながら、空所に正しい英語を書きましょう。頭文字が与えられているところもあります。

**1.** お互いにレポートを読みあうことは、私たちに自分たちが意識しなかったことを気づかせるので、改訂をしやすくする。

(                                 ) our essays to each other is the best

(                                 ) to revise because it helps us realize what we are

not aware of.

**2.** 私たちがお互いコメントしあう時間を考慮すれば、課題は前もって完成させるべきだ。

( C                                 ) the time we need to give comments to each

other, we should (                                 ) the assignment ahead of time.

**3.** 私たちは、ディベートをより意味のあるものにするために、相手チームの考えを聞くことについてもっと丁寧な態度でいる必要があります。

We (                     ) to be more attentive about listening to the opinions

of the other teams to make our class debates more ( m                         ).

**4.** 上記の2つの理由から、インターネットは他の学生との人間関係を築くのに役立ちます。

For the two (                                 ) above, the Internet will help us

develop (                                 ) with other students.

**2** 意見表明文の理由説明をする場面を思い浮かべながら日本語文を完成させましょう。その後、主語や語順を意識し、英文を書きましょう。

**1.** 私たちが最初にやらなければならないことは、＿＿＿＿＿＿＿＿＿＿＿＿＿＿＿＿です。

＿＿＿＿＿＿＿＿＿＿＿＿＿＿＿＿＿＿＿＿＿＿＿＿＿＿＿＿＿＿＿＿＿＿＿＿＿＿＿＿

**2.** (**1**を受けて) なぜなら、＿＿＿＿＿＿＿＿＿＿＿＿＿＿＿＿＿＿＿からです。

＿＿＿＿＿＿＿＿＿＿＿＿＿＿＿＿＿＿＿＿＿＿＿＿＿＿＿＿＿＿＿＿＿＿＿＿＿＿＿＿

**3** **Opinions B**のテンプレートを活用し、レポートを書く際にAIを活用する是非について、p. 123に意見表明文を書きましょう。

STEP 4 **Let's PRACTICE!**

**1** **Opinions C**も英語母語話者による意見表明文です。空所に入る情報の種類を語群から選び、テンプレートを完成させましょう。

**Opinions** **C**  DL 25 ◎ CD 25

In my opinion, it is not a good idea to use the Internet for our research project. The reason is that it is necessary to collect verified information. As we learned in our media literacy class, we need to consider the type of information we will use. I believe books will be the best source for our project because they give us well-researched and validated information. It is also good to use newspapers as sources to compare what we learned from the books with more current information. This will allow us to present relevant and established ideas in the project report, which will meet the requirements of the course.

In my opinion, it is ( **1.**    ) to ( **2.**    ). The reason is that ( **3.**  ). As *we* learned in ( **4.**    ), *we* ( **5.**    ). I believe ( **6.**    ) because ( **7.**    ). It is also ( **8.**    ). This will allow *us* to ( **9.**    ), which ( **10.**    ).

①意見をサポートするための代案2により実現すること
②学んだところ（授業など）　③意見の対象（何に対する意見か）
④意見をサポートするための代案2　⑤意見　⑥意見の理由
⑦意見をサポートするための代案1の理由
⑧意見をサポートするための代案2により実現することの詳細
⑨意見をサポートするための代案1　⑩理由の補強

**ワンポイント解説**

**Opinions C** は、「意見→理由→説明」の順に述べられており、1つの理由に対し、その説明が続いています。そのため、1つの文章に複数の意見が存在している **Opinions A** とは違い、内容に一貫性があります。理由は一文で終わらせるのではなく、さらにもう一文を追加し、話題を展開させることが好まれます。

**2** **Opinions C**を参考に、リサーチ課題をどのようにまとめるべきかについて考え、意見やその理由を意識して、p. 123に意見表明文を書きましょう。

**Let's POLISH!**

**1** **STEP 4**で作成した英文を使い、どのような意見表明文を書いたかグループでお互いに報告しましょう。また、相手から得た情報を表にまとめましょう。

| | メンバー1<br>[名前：　　　　　] | メンバー2<br>[名前：　　　　　] |
|---|---|---|
| 意見 | | |
| 意見の対象(何に対する意見か) | | |
| 意見の理由 | | |
| 学んだところ(授業など) | | |
| 理由の補強 | | |
| 意見をサポートするための<br>代案1 | | |
| 意見をサポートするための<br>代案1の理由 | | |
| 意見をサポートするための<br>代案2 | | |
| 意見をサポートするための<br>代案2により実現すること | | |
| 意見をサポートするための<br>代案2により実現することの詳細 | | |

**2** 相手の意見表明文について、良くできている点や修正が必要だと思われる点を書き出し、お互いにフィードバックしましょう。

**3** **2**で相手からもらったアドバイスを参考に、**STEP 4**で書いた英文をp. 125に書き直しましょう。

**4** p. 125の **Check Points** にて、この章のふりかえりをしましょう。

# Asking for Advice

ある問題を抱えたとき、誰かに相談するには、その問題を相手に丁寧に説明しなければなりません。良いアドバイスをもらうためには、何が問題となっていて困っているのかをはっきり示し、相談先に何を求めているのか、解決のために何が必要だと考えているのかを後続させるように相談内容を展開させましょう。

**Chapter 9**

STEP 1  **Let's ANALYZE!**

**1** 次の２つの英文は、大学３年次に専門領域を選択する必要のある学生が相談窓口のフォームに記入した相談文です。それぞれが、日本語母語話者と英語母語話者のどちらが書いたものか考えましょう。

### Asking for Advice A

 DL 26  CD 26

    I cannot decide which major to choose. I can choose either the English major or the Education major because I am taking the English teacher's license course. What should I do? I don't know which is better for my future career. I am interested in teaching English at junior high school, but I do not have a strong determination to be a teacher yet. A teacher's license may be helpful sometime, and teaching can be one of the options for my career plan. I would like to decide the major as early as possible.

### Asking for Advice B

 DL 27  CD 27

    I'm having problems with choosing my major in my junior year. I need to choose either the English or the Education major. I cannot decide which one would be more effective for my future career. However, I want to decide as early as possible so that I can focus on studying the chosen major. I would like to know what the differences are between the two courses and what points I should consider in order to make the decision. I'd appreciate it if you could give me some advice.

**2** 上記２つの英文にどのような違いがあるか、気付いたことをできるだけたくさん挙げましょう。

**3** 次は、**Asking for Advice B**からパターンを抜き出したテンプレートです。**Asking for Advice B**を参考に、空所に入る情報の種類を語群から選び、テンプレートを完成させましょう。

I'm having problems with (¹·        ). I need to (²·        ). I cannot (³·        ). However, I want to (⁴·     ) so that I can (⁵·      ). I would like to know (⁶·     ) in order to (⁷·     ). I'd appreciate it if (⁸·     ).

①解決するために知りたいこと　　②今求めていること　　③相談先に求めること
④抱えている問題の内容（具体）　　⑤今求めていることで何ができるのか
⑥抱えている問題　　⑦知りたい目的　　⑧抱えている問題の内容（より具体）

**4** **Asking for Advice A**と**B**をもう一度読み比べ、英語ではどのような情報をいかに展開するのが好まれるか、各自で考えましょう。その後、どのような相違があるかグループで話し合いましょう。

<br><br><br><br><br><br><br>

👆 ワンポイント解説

日本語母語話者によって書かれた**Asking for Advice A** は、短い文章の中で「問題→問題の背景→自分自身に向けた疑問→問題→問題の背景→求めていること」というように、問題について繰り返し述べられたり、途中で疑問が挟まれたりしています。一方、英語母語話者による**Asking for Advice B** では、problemsという語を使って明確に問題が提示された後、「問題に至る背景」、「問題解決のために必要なこと」が説明されています。**Asking for Advice A** からも問題点が何であるかを読み取ることは可能ですが、**Asking for Advice B** では、問題点について具体的な話題を展開しています。そのため、問題点に関する情報が直接的に明示され、問題を抱えている状況について十分に説明された文章となっています。

## STEP 2 Let's INPUT!

### INPUT ▼ Basic Words and Expressions

**❶ 直接的に問題や悩みを説明する表現**

The problem is that SV.「問題はSVということである」

I'm having problems with ~.「私は～について問題を抱えている」

I am having trouble [difficulty] (in) *do*ing.

「私は*do*ingするのに困っている」

**❷ 間接的に問題や悩みを説明する表現**

I cannot *do*.「私は*do*できない」

I am not sure if I should *do*.「私は、自分が*do*すべきか確信が持てない」

If SV, I will not be able to *do*.「もしSVだったら、私は*do*できない」

相談場面には、よく使われる表現があります。日本語を参考に、空所を英語で埋め、表現をストックしましょう。頭文字が与えられているところもあります。

**1.** 私はティーチングアシスタントとして働かないかという依頼を引き受けるべきかどうか、悩んでいます［で困っています］。

I am having (　　　　　　　　　　) with ( d　　　　　　　　　) whether I will take an offer to work as a teaching assistant.

**2.** あなたの問題は、エッセイの中で自身の意見をはっきりと説明できていないところです。

The (　　　　　　　　　　) with your essay is that you are not being clear enough about what your (　　　　　　　　　) is.

**3.** 私の悩みは、毎晩課題に取り組まなければならず、睡眠時間が十分に取れないことです。

My (　　　　　　　　) is that I (　　　　　　　　　) sleep enough because I have to work on assignments every night.

**4.** 私は今夏からカナダに留学すべきかどうか迷っています。

I am not sure (　　　　　　　　　) I should (　　　　　　　　) abroad in Canada from this summer.

**5.** 私は学業とアルバイトとの両立がうまくいかなくて困っています。

I am having ( d　　　　　　　　) ( b　　　　　　　　　) my studies and my part-time job.

**1** 相談文であることを意識しながら、空所に正しい英語を書きましょう。頭文字が与えられているところもあります。

**1.** 私は、自分の意見をどのように明確に述べるか悩んでいます。

I'm having problems with (               ) to (                 )
my opinion clearly.

**2.** 私は、卒業論文のために、英語学コースか英文学コースかのどちらかを選ばなければなりません。

I need to (               ) either the English Linguistics course or the
English Literature course for my (               ) thesis.

**3.** 2つのうちのどちらの記事が、この話題をもっと深く理解するのに適しているのか、私には判断がつきません。

I cannot (d              ) which of the two articles would be
(b              ) to understand the topic deeper.

**4.** 私はチューターと先生という言葉の違いについて知りたいです。

I would like to know (w            ) the differences are between the
two (            ), 'tutor' and 'teacher.'

**2** 相談する場面を思い浮かべながら日本語文を完成させましょう。その後、主語や語順を意識し、英文を書きましょう。

**1.** _____(する)ことができず、最終レポートで困っています。

_____

**2.** 問題は、_____(する)ことができないことです。

_____

**3** **Asking for Advice B** のテンプレートを活用し、所属する（もしくは所属を検討している）部活やサークルに関する問題を思い浮かべながら、p. 127 に相談文を書きましょう。

## STEP 4 Let's PRACTICE!

**1** Asking for Advice Cも英語母語話者による（ティーチングアシスタントに関する）相談文です。空所に入る情報の種類を語群から選び、テンプレートを完成させましょう。

### Asking for Advice C

 DL 28 CD 28

I am not sure if I should accept a teaching assistant position. I have always wanted to focus on my studies and have never thought of working, but I am glad that this opportunity has been offered to me. In addition, I guess this job would be a good learning experience for me. What I am wondering about regarding this issue is how to balance my studies and the job. If I can figure it out, I will be able to make a decision. There is a deadline, so I have to decide by the end of today.

I am not sure if I should ( 1.          ). I have always ( 2. *done*          ), but I am glad that ( 3.          ). In addition, I guess ( 4.          ). What I am wondering about regarding this issue is ( 5. *how*          ). If I can figure it out, I will be able to ( 6.          ). There is ( 7.          ), so I have to ( 8.          ).

①問題を解決したい理由２　②抱えている問題
③問題を今解決しなければいけない理由　④問題を抱えている理由（過去のこと）
⑤問題を解決するために必要なこと　⑥問題に対してどのように考えているか
⑦問題を解決したい理由１　⑧問題が解決すると達成されること

 **ワンポイント解説**

**Asking for Advice C** は、間接的に問題点を説明する文で始まっています。その後は細かい説明が続いていますが、この文章では、「なぜそれが問題なのか」について **Asking for Advice A** よりも、詳しく説明されています。問題に関連する自分自身の対応や、問題と感じている経緯などを説明し、現状をわかりやすく提示することで、相談先も解決策の提案がしやすくなります。

**2** Asking for Advice Cを参考に、所属する（もしくは所属を検討している）アルバイトに関する問題を思い浮かべながら、p. 127に相談文を書きましょう。

**Let's POLISH!**

**1** **STEP 4**で作成した英文を使い、どのような相談文を書いたかグループでお互いに報告しましょう。また、相手から得た情報を表にまとめましょう。

| | メンバー1<br>［名前：　　　　　　　　］ | メンバー2<br>［名前：　　　　　　　　］ |
|---|---|---|
| 抱えている問題 | | |
| 問題を抱えている理由<br>（過去のこと） | | |
| 問題を解決したい理由1 | | |
| 問題を解決したい理由2 | | |
| 問題に対してどのように<br>考えているか | | |
| 問題が解決すると達成<br>されること | | |
| 問題を今解決しなければ<br>いけない理由 | | |
| 問題を解決するために<br>必要なこと | | |

**2** 相手の相談文について、良くできている点や修正が必要だと思われる点を書き出し、お互いにフィードバックしましょう。

**3** **2**で相手からもらったアドバイスを参考に、**STEP 4**で書いた英文をp. 129に書き直しましょう。

**4** p. 129の **Check Points** にて、この章のふりかえりをしましょう。

# Narrating Past Events

私たちは日常生活の中で、過去の出来事を語ることがよくあります。同じ出来事を描写する場合であっても、英語母語話者と日本語母語話者では何を言及するのか、どの順番で語るのかなどに関して違いがあります。英語での過去の出来事の語り方を学びましょう。

## Chapter 10

## STEP 1 Let's ANALYZE!

**1** 次の2つの英文は、「大学で受けた授業の中で最も印象に残っている授業」について書かれた文章です。それぞれが、日本語母語話者と英語母語話者のどちらが書いたものか考えましょう。

### Narrating Past Events A

 DL 29  CD 29

The most memorable course of my university life so far was Professor Sekine's Sociology. I was interested in her analysis of familiar topics and the explanations she gave for the phenomena. In particular, the question of why the corner seats on the train are filled first was understandable and truly convincing. This class helped me cultivate the ability to understand familiar phenomena analytically, think critically about social issues, and question them. It was truly an eye-opening experience, and I am grateful for the knowledge I have gained from this course.

### Narrating Past Events B

 DL 30  CD 30

When I was a junior in college, I took Professor Haneda's Religious Studies class. In this class, we first overviewed religions in all cultures of the world and discussed how they differ from Christianity. The class then dealt with social issues related to religion. The content of the class was very interesting, and I learned a lot. I was very satisfied with the class, and it is the most memorable class in my university life.

**2** 上記2つの英文にどのような違いがあるか、気付いたことをできるだけたくさん挙げましょう。

**3** 次は、**Narrating Past Events A**からパターンを抜き出したテンプレートです。**Narrating Past Events A**を参考に、空所に入る情報の種類を語群から選び、テンプレートを完成させましょう。

*The most memorable ( $^{1.}$          ) of [in] ( $^{2.}$          ) so far was ( $^{3.}$          ). I was interested in ( $^{4.}$ *her*          ). In particular, ( $^{5.}$          ). ( $^{6.}$ *This*          ) helped me ( $^{7.}$          ). It was truly ( $^{8.}$          ), and I am grateful for ( $^{9.}$          ).

*the most memorable moment of my life「私の人生で最も忘れられない瞬間」、the most memorable experiences in my university life「大学生活で最も忘れられない経験」のように、「一定の時間的枠組み」とともに用いる。
なお、the most memorable meals in Japan「日本で最も忘れられない食事」のように、場所を伴う場合もある。

①出来事（言い換え）　②出来事（具体）　③関心を持ったこと（具体）
④出来事を通じて得たもの　⑤出来事があった時期・期間　⑥出来事（抽象）
⑦どのような経験だったのか　⑧この出来事が役に立ったこと
⑨関心を持ったこと（抽象）

**4** **Narrating Past Events A**と**B**をもう一度読み比べ、英語ではどのような情報をいかに展開するのが好まれるか、各自で考えましょう。また、その後、どのような相違があるかグループで話し合いましょう。

## STEP 2 Let's INPUT!

### INPUT ▼ Basic Words and Expressions

**❶ 人間を主語に置く人間中心的な表現**

We've finally come to the conclusion.「ようやく結論が出ました」

We've decided ~.「～が決まりました」

We have ~ than before.「(知識や経験など) が前よりも増えました」

**❷ 知覚動詞を用いた人間中心的な表現**

I saw + 人・もの＋場所.「(場所) に (人・もの) がいました (ありました)」

I found myself *do*ing.「気がついたら *do*ing (して) いました」

I heard ~.「～ (な音) がしました」

**❸ 無生物主語を用いた原因と結果を明記する表現**

~ prevented us from *do*ing.「～により *do*ing できませんでした」

~ enabled me to *do*.「～のおかげで *do* することができました」

~ left me + 形容詞.「～ (のせい) で、私は…になりました」

過去の出来事を語る場面では、よく使われる表現があります。日本語を参考に、空所を英語で埋め、表現をストックしましょう。頭文字が与えられているところもあります。

**1.** 出発の日が決まりました。

We've (                    ) the (                    ) of departure.

**2.** 奨学金のおかげで私は大学に進学できました。

The scholarship ( *e*                ) me to go to (                ).

**3.** 気づいたら電車に乗っていました。

I suddenly found (                ) on the (                ).

**4.** 私たちは大雨で社会科見学に行けませんでした。

The heavy rain (                ) us from (                ) on our field trip.

**5.** 郵便局の前に大きな男の人がいました。

I (                ) a big gentleman in (                ) of the post office.

## STEP 3 Let's OUTPUT!

**1** 過去の出来事を語る文であることを意識しながら、空所に正しい英語を書きましょう。頭文字が与えられているところもあります。

**1.** 特に、田中教授の講義を聞いて、私は社会学に興味を持ちました。

In (                         ), Professor Tanaka's lecture encouraged my

(                    ) in sociology.

**2.** この本を読んでジェンダーの問題を深刻に考えるようになりました。

This book ( h                 ) me (                    ) seriously

about gender issues.

**3.** 私は高校時代に経験したことのない多くの貴重な経験をすることができました。

I had many valuable (                  ) that I could not have

(                   ) in high school.

**4.** 私が大学時代に読んで最も印象に残っている本は、夏目漱石の『こころ』です。

One of the most ( m                ) books I read in my college

( y                ) was Soseki's *Kokoro*.

**2** 英語で過去の出来事を語る場面を思い浮かべながら日本語文を完成させましょう。その後、主語や語順を意識し、英文を書きましょう。

**1.** この授業を受けて、_____(を)批判的に考えられるようになりました。

_____

**2.** テイラー先生の講義を聞いて、_____に興味を持ちました。

_____

**3** **Narrating Past Events A**のテンプレートを活用し、これまで履修して、最も印象に残っている授業を思い浮かべながら、p. 131にその出来事について書きましょう。

**Let's PRACTICE!**

**1** **Narrating Past Events C**も英語母語話者による過去の出来事を語る文です。空所に入る情報の種類を語群から選び、テンプレートを完成させましょう。

## Narrating Past Events C

🎧 DL 31　💿 CD 31

This time last year I was studying abroad in England. In addition to improving my English, I had many valuable experiences that I could not have had in Japan. For example, I come from a different culture than that of England, and I feel that by experiencing this position. I have learned to be more tolerant of those who are different. I also had the opportunity to meet people who have different backgrounds and cultural experiences, which enriched my understanding of the world. I believe that I have learned how to face various difficulties that I will encounter in the future.

( **1.** 　　　　) I was ( **2.** *doing* 　　　　). In addition to ( **3.** 　　　　), I had ( **4.** 　　　　). For example, ( **5.** 　　　　). I have ( **6.** *done* 　　　　). I also ( **7.** 　　　　). I believe that ( **8.** 　　　　).

①得られたこと1（抽象）　②得られたこと1（具体）　③出来事（抽象）
④得られたこと3（具体）　⑤時期　⑥得られたこと2（具体）
⑦具体例の提示　⑧得られたこと2（抽象）

 **ワンポイント解説**

**Narrating Past Events C** は、英国に留学した時に経験したことを語った文章です。主観的な感想を述べるだけでなく、英語を学ぶことに加え、何を経験し、学んだのかを客観的に語っています。また自分の立場や役割などを明確にし、この経験が今後どのように活かせるのかについても語っており、それがこの文章により深みを持たせています。

**2** **Narrating Past Events C**を参考に、留学や研修など学校以外の場で経験したことを思い浮かべながら、p. 131にその出来事について書きましょう。

**Let's POLISH!**

**1** **STEP 4**で作成した英文を使い、どのように過去の出来事について書いたかグループでお互いに報告しましょう。また、相手から得た情報を表にまとめましょう。

| | メンバー1<br>［名前：　　　　　　　］ | メンバー2<br>［名前：　　　　　　　］ |
|---|---|---|
| 時期 | | |
| 出来事（抽象） | | |
| 得られたこと1<br>（抽象） | | |
| 得られたこと2<br>（抽象） | | |
| 具体例の提示 | | |
| 得られたこと1<br>（具体） | | |
| 得られたこと2<br>（具体） | | |
| 得られたこと3<br>（具体） | | |

**2** 相手の過去の出来事について書いた文について、良くできている点や修正が必要だと思われる点を書き出し、お互いにフィードバックしましょう。

**3** **2**で相手からもらったアドバイスを参考に、**STEP 4**で書いた英文をp. 133に書き直しましょう。

**4** p. 133の**Check Points**にて、この章のふりかえりをしましょう。

# Gratitude

御礼状を書く時には、自分に何かをしてくれた人に対して漠然とした感謝の気持ちを伝えるだけではなく、相手がしてくれたことや感謝している理由を具体的に挙げることが必要です。また相手に対して今後自分がお返しとして何かをする意思があることを示すことも求められます。感謝を示すために使用されるさまざまな英語らしい表現を学びましょう。

## STEP 1　Let's ANALYZE!

**1** 次の２つの英文は、街を案内してくれた友人に対して書かれた御礼状です。それぞれが、日本語母語話者と英語母語話者のどちらが書いたものか考えましょう。

### Gratitude A

Dear Anna,

　Thank you ever so much for having me and Terry last week. We had a fantastic time in Melbourne, thanks to your hospitality. I don't think I'll ever forget the chicken parma. In addition, I was so thankful for the opportunity to explore the city with you, and to learn all about the history and culture of Melbourne. It was such a meaningful winter holiday and I am so glad we had the chance to experience it together.

　If you ever find yourself in Tokyo, know you have a place to stay!

Best,

Toru

### Gratitude B

Dear Karen,

　Thank you very much for your very courteous guidance to the town where my friend lives. I had a very pleasant time in Seattle thanks to your guidance. I sincerely appreciate your hospitality. I am sure we will be of great help to you in the future. I sincerely look forward to seeing you again.

Sincerely yours,

Satoshi

**2** 上記２つの英文にどのような違いがあるか、気付いたことをできるだけたくさん挙げましょう。

**3** 次は、**Gratitude A**からパターンを抜き出したテンプレートです。**Gratitude A**を参考に、空所に入る情報の種類を語群から選び、テンプレートを完成させましょう。

Dear (¹·          ),

Thank you ever so much for (²·          ). (³·          ), thanks to (⁴·          ). I don't think I'll ever forget (⁵·          ). In addition, I was so thankful for (⁶·          ). It was such a (⁷·          ) and I am so glad we had the chance to experience it together.

If you ever find yourself in (⁸·          ), know you have a (⁹·          )!

Best,

(¹⁰·          )

---

①自分の所在地・馴染みのある場所　　②署名（自分の名前）　　③感謝の対象

④忘れられないこと　　⑤現在の気持ち　　⑥経験に対する感想

⑦感謝の内容２　　⑧相手の名前　　⑨感謝の内容１

⑩相手にとって利益のある人物・物事

---

**4** **Gratitude A**と**B**をもう一度読み比べ、英語ではどのような情報をいかに展開するのが好まれるか、各自で考えましょう。その後、どのような相違があるかグループで話し合いましょう。

---

### ワンポイント解説

相手に感謝の気持ちを伝える際には、相手がしてくれたことや感謝している理由を具体的に挙げて伝えます。文章の冒頭で、まず感謝する内容を簡潔にまとめ、徐々に詳細を述べていきます。その際、**Gratitude A** のようにI was thankful for やI am so glad などThank you以外の表現を用いて、相手に対する感謝の気持ちを丁寧に伝えます。また実現するかどうかは別として、将来、相手に対して返礼したいという意思を具体的に示します。

## STEP 2   Let's INPUT!

### INPUT ⏷   Basic Words and Expressions

感謝を表す多様な感謝表現

Thank you ever so much for ~.「〜にご尽力くださりありがとうございます」
We were greatly honored by ~.「〜を大変光栄に存じます」
We would like to express our appreciation for ~.
「〜に対して、感謝の意を表します」
We cannot thank you enough for ~.
「〜について、いくら感謝しても感謝しきれません」
Words cannot express our appreciation to you for ~.
「〜に対して、言葉では表せないほど感謝いたしております」

御礼状には、よく使われる表現があります。日本語を参考に、空所を英語で埋め、表現をストックしましょう。頭文字が与えられているところもあります。

1. ボストン滞在中のあなたのおもてなしには、いくら感謝してもしきれません。

   We (                    ) thank you enough for your
   ( h                    ) during our stay in Boston.

2. 会議でスピーチをしていただきまして、大変光栄に存じます。

   We were greatly (                    ) by your
   (                    ) at the conference.

3. 滞在中に、あなたに親切にしていただいたことに対して感謝の意を表します。

   We would like to express our (                    ) for your
   (                    ) during our stay.

4. 昨日は、お忙しい中、私たちのオフィスを訪問する時間を取ってくださり誠にありがとうございました。

   Thank you (                    ) so much for taking the
   (                    ) to visit our office yesterday.

5. この企画のために一生懸命に働いてくれることに、言葉では表せないほど感謝いたしております。

   Words (                    ) express our appreciation to you for your
   hard ( w                    ) for this project.

## STEP 3 Let's OUTPUT!

**1** 御礼状であることを意識しながら、空所に正しい英語を書きましょう。頭文字が与えられているところもあります。

**1.** おかげさまで、ロンドンでとても楽しく、有意義な時間を過ごすことができました。

( ) to you, I was able to ( ) a very enjoyable and worthwhile time in London.

**2.** 私はあなたが助けてくれたことを忘れないでしょう。

I'll never ( ) your ( ).

**3.** この度の寛大なお心遣いに対し、心より感謝いたします。

I am so ( ) for this ( ) gesture.

**4.** もし、あなたがニューヨークに来ることがあれば、ぜひお知らせください。

If you ever ( ) yourself in New York, please let me ( ).

**2** 感謝を伝える場面を思い浮かべながら日本語文を完成させましょう。その後、主語や語順を意識し、英文を書きましょう。

**1.** あなたの＿＿＿＿＿＿＿＿＿＿＿＿＿＿＿＿＿＿＿＿＿＿＿に重ねて感謝申し上げます。

＿＿＿＿＿＿＿＿＿＿＿＿＿＿＿＿＿＿＿＿＿＿＿＿＿＿＿＿＿＿＿＿＿＿＿＿＿

**2.** 何か私たちがあなたのためにできることがあれば、遠慮なく＿＿＿＿＿＿＿＿＿＿＿。

＿＿＿＿＿＿＿＿＿＿＿＿＿＿＿＿＿＿＿＿＿＿＿＿＿＿＿＿＿＿＿＿＿＿＿＿＿

**3** **Gratitude A**のテンプレートを活用し、どこかを案内してくれた人や何かを紹介して［教えて］くれた人を思い浮かべながら、p. 135に御礼状を書きましょう。

**STEP 4** Let's PRACTICE!

**1** Gratitude Cも英語母語話者による御礼状です。空所に入る情報の種類を語群から選び、テンプレートを完成させましょう。

**Gratitude C**

Dear Ms. Yuka Nakajima:

Thank you for your support during this challenging time. It was thoughtful of you to let me know the details of the classes that I was unable to take while in the hospital.

I'm so grateful for your help because I found it hard to overcome the situation on my own. I could not have managed this situation without your help. The fact that you thought so much about me will always be special to me.

Thanks again for taking the time out of your busy schedule to assist me. I appreciate your kindness.

Sincerely,

Charlotte Thatcher

↓

Dear ( <sup>1.</sup>       ):

Thank you for ( <sup>2.</sup>       ). It was thoughtful of you to ( <sup>3.</sup>       ).

I'm so grateful for your help because ( <sup>4.</sup>       ). I could not ( <sup>5.</sup>       ) without your help. The fact that ( <sup>6.</sup>       ) will always be special to me.

Thanks again for taking the time out of your busy schedule to ( <sup>7.</sup>       ). I appreciate your kindness.

Sincerely,

( <sup>8.</sup>       )

---

①相手がしてくれたこと（さらなる言い換え）　②相手がしてくれたこと

③援助がなければできなかったこと　④署名（自分の名前）

⑤相手の敬称・名前　⑥相手がしてくれたこと（言い換え）

⑦感謝の内容　⑧感謝の理由

---

**ワンポイント解説**

**Gratitude C** は、ある学生が入院し、出席できなかった回の授業内容について対応してくれた先生に向けた御礼状です。相手がしてくれたことや、その手助けがなければなし得なかったこと、感謝する理由などを具体的に書くことで、相手への感謝の気持ちを示しています。

**2** Gratitude Cを参考に、自分のために何かをしてくれた人に対して感謝する場面を思い浮かべながら、p. 135に御礼状を書きましょう。

## STEP 5　Let's POLISH!

**1** **STEP 4**で作成した英文を使い、どのような御礼状を書いたかグループでお互いに報告をしましょう。また、相手から得た情報を表にまとめましょう。

| | メンバー1<br>［名前：　　　　　　　］ | メンバー2<br>［名前：　　　　　　　］ |
|---|---|---|
| 相手の敬称・名前 | | |
| 感謝の内容 | | |
| 相手がしてくれたこと | | |
| 感謝の理由 | | |
| 援助がなければ<br>できなかったこと | | |
| 相手がしてくれたこと<br>（言い換え） | | |
| 相手がしてくれたこと<br>（さらなる言い換え） | | |

**2** 相手の御礼状について、良くできている点や修正が必要だと思われる点を書き出し、お互いにフィードバックしましょう。

**3** **2**で相手からもらったアドバイスを参考に、**STEP 4**で書いた英文をp. 137に書き直しましょう。

**4** p. 137の**Check Points**にて、この章のふりかえりをしましょう。

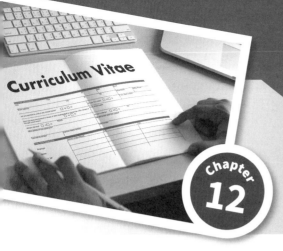

# Cover Letters

Chapter
12

インターンシップや留学の申し込み、就職活動などの際には申請書や履歴書などの書類を送付します。書類を郵送する時には送付状を同封する必要があります。送付状には挨拶および、封筒にどのような書類を同封したのかを相手に伝える役割に加え、自己紹介や志望動機などを簡潔に示すなどの重要な役割があります。英語の送付状の書き方を学びましょう。

## STEP 1  Let's ANALYZE!

**1** 次の2つの英文は、学生が企業のインターンシップに応募する際の送付状です。それぞれが、日本語母語話者と英語母語話者のどちらが書いたものか考えましょう。

### Cover Letters A  　　DL 35　CD 35

To whom it may concern,

I am writing to express my interest in the internship program your company is offering this summer. I learned about the program through the career support center at my university.

I am a junior at Hakuba University majoring in Chinese linguistics. After graduation, I aim to be a globally-minded individual who can utilize the Chinese language skills I have acquired and be active in the Asian market. I believe that the internship program your company offers would be an invaluable opportunity for me to gain experience in the field. Please find enclosed my curriculum vitae for your consideration.

Yours truly,
Masako Yonezawa

### Cover Letters B  　　DL 36　CD 36

Dear Sir/Madam,

I hope that you are enjoying the warm spring weather. I'm pleased to hear that your company is enjoying increasing prosperity.

I am a junior in the Faculty of Education at Nozawa University. I am sending you the following application materials in order to apply for the internship your company offers this summer. I have been active not only in academics but also in extracurricular activities at university. I am always willing to work hard and improve myself. Thank you very much for your cooperation.

Yours truly,
Miwa Tsuchida

**2** 上記2つの英文にどのような違いがあるか、気付いたことをできるだけたくさん挙げましょう。

73

**3** 次は、**Cover Letters A**からパターンを抜き出したテンプレートです。
**Cover Letters A**を参考に、空所に入る情報の種類を語群から選び、テンプレートを完成させましょう。

To whom it may concern,

    I am writing to express my interest in (**1.**        ). I learned about (**2.**      ) through (**3.**    ).

    I am (**4.**    ) at (**5.**    ) majoring in (**6.**     ). After graduation, I aim to (**7.**    ). I believe that (**8.**     ). Please find enclosed my (**9.**    ) for your consideration.

Yours truly,

(**10.**    )

---

①情報の入手先　　②この機会の意義　　③卒業後にめざすこと
④署名 (自分の名前)　　⑤関心を持っていること　　⑥送付する資料
⑦所属している大学　　⑧関心を持っていること (言い換え)
⑨専攻　⑩学年

---

**4** **Cover Letters A**と**B**をもう一度読み比べ、英語ではどのような情報をいかに展開するのが好まれるか、各自で考えましょう。その後、どのような相違があるかグループで話し合いましょう。

## STEP 2 **Let's INPUT!**

### INPUT ▼ Basic Words and Expressions

**①** 送付する書類について送付状に明記する表現

Please find the following ~ enclosed.

「以下に～が同封されていることをご確認ください」

I am sending you ~ as follows:「以下の通り、～をお送りいたします」

I have attached ~.「～を添付いたします」

The attached file is ~.「添付ファイルは～です」

You can reach me by ~ at….

「お問い合わせは～（メール・電話など）で、…（メールアドレス・電話番号など）までお願いします」

**②** 送付状でよく使われる表現

document「書類・文書」　curriculum vitae (CV)「履歴書」　PDF format「PDF版」

送付状では、よく使われる表現があります。日本語を参考に、空所を英語で埋め、表現をストックしましょう。頭文字が与えられているところもあります。

**1.** 以下の必要書類が同封されているのをご確認ください。

Please find the (　　　　　　　　　　) ( r　　　　　　　　　　) documents enclosed:

**2.** 以下の通り私の応募書類が同封されていることをご確認ください。

I am sending you my ( a　　　　　　　　) as (　　　　　　　　　):

**3.** このメールに３つの書類を添付いたします。

I have (　　　　　　　　) three documents to this (　　　　　　　　).

**4.** 添付ファイルはレポートの改訂版です。

The (　　　　　　　　) file is a ( r　　　　　　　　) version of the paper.

**5.** メールでのお問い合わせは n-tanaka@s.x_univ.ac.jp までお願いします。

You can (　　　　　　　　) me by email (　　　　　　　　) n-tanaka@s.x_univ.ac.jp.

**Let's OUTPUT!**

**1** 送付状であることを意識しながら、空所に正しい英語を書きましょう。頭文字が
与えられているところもあります。

**1.** 貴社がこの夏に実施するインターンシップ・プログラムに興味を持ちましたので、
ご連絡いたします。

I am (             ) to (             ) my interest in the
internship program your company is offering this summer.

**2.** 私は昨日、市役所でこのイベントについて知りました。

I ( l           ) about this event at the city (          )
yesterday.

**3.** 私の資料を同封いたしますので、ご参考までにご覧ください。

Please find ( e        ) my document for your ( r        ).

**4.** ご不明な点がありましたら、お知らせください。

Please (          ) me know (          ) you have any
questions.

**2** 送付状を書く場面を思い浮かべながら日本語文を完成させましょう。その後、主
語や語順を意識し、英文を書きましょう。

**1.** ＿＿＿＿＿＿＿＿＿＿＿＿＿＿＿＿＿＿＿＿に応募するために、本状を送付いたします。

＿＿＿＿＿＿＿＿＿＿＿＿＿＿＿＿＿＿＿＿＿＿＿＿＿＿＿＿＿＿＿＿＿＿

**2.** 必要書類である＿＿＿＿＿＿＿＿＿＿＿＿＿＿＿＿＿＿＿＿を同封いたします。

＿＿＿＿＿＿＿＿＿＿＿＿＿＿＿＿＿＿＿＿＿＿＿＿＿＿＿＿＿＿＿＿＿＿

**3** **Cover Letters A** のテンプレートを活用し、インターンシップに申し込む場面を思
い浮かべながら、p. 139 に送付状を書きましょう。

**Let's PRACTICE!**

**1** **Cover Letters C** も英語母語話者による送付状です。空所に入る情報の種類を語群から選び、テンプレートを完成させましょう。

## Cover Letters C

🎧 DL 37 ◎ CD 37

To whom it may concern,

My name is John Lambert. I am an undergraduate student in the Department of Applied Linguistics at Yaizu University. I am interested in your study abroad program and would like to submit the following required documents:

- Curriculum Vitae
- Statement of Purpose
- Academic Transcript

I would like to meet with you in the near future to discuss this opportunity further. Please let me know if you have any questions. You can reach me by email at john@std.yaizu-u.ac.jp. I look forward to hearing from you soon.

Yours faithfully,

John Lambert

⬇

To whom it may concern,

My name is ( **1.** ). I am ( **2.** ) in ( **3.** ). I am interested in ( **4.** ) and would like to submit the following required documents:

- ( **5.** )
- ( **6.** )
- ( **7.** )

I would like to meet with you in the near future to ( **8.** ). Please let me know if you have any questions. You can reach me by email at ( **9.** ). I look forward to hearing from you soon.

Yours faithfully,

( **10.** )

---

①送付物3　②自分の名前　③相手と行うこと　④送付物2
⑤関心を持っていること　⑥自分のメールアドレス
⑦所属している大学と専攻　⑧署名（自分の名前）　⑨送付物1　⑩学年

---

 **ワンポイント解説**

**Cover Letters C** では、自己紹介と同封物の説明、相手への希望と連絡方法が明記されています。上下関係を重視する日本文化とは異なり、英語文化圏では「対等」であることが重要であるため、let me know や you can reach me by email のような表現を使用できます。

**2** **Cover Letters C** を参考に、留学やインターンシップに応募する場面を思い浮かべながら、p. 139に送付状を書きましょう。

## STEP 5 Let's POLISH!

**1** ***STEP 4*** で作成した英文を使い、どのような送付状を書いたかグループでお互いに報告をしましょう。また、相手から得た情報を表にまとめましょう。

| | メンバー1<br>[名前:　　　　　　　] | メンバー2<br>[名前:　　　　　　　] |
|---|---|---|
| 学年 | | |
| 所属している大学と専攻 | | |
| 関心を持っていること | | |
| 送付物1 | | |
| 送付物2 | | |
| 送付物3 | | |
| 相手と行うこと | | |
| 自分のメールアドレス | | |

**2** 相手の送付状について、良くできている点や修正が必要だと思われる点を書き出し、お互いにフィードバックしましょう。

|  |
|---|
|  |

**3** **2** で相手からもらったアドバイスを参考に、***STEP 4*** で書いた英文をp. 141に書き直しましょう。

**4** p. 141の **Check Points** にて、この章のふりかえりをしましょう。

# Abstracts

Chapter
13

## STEP 1 Let's ANALYZE!

**1** 次の2つの英文は、日本語を母語とする大学生の英語力に関する論文の要旨として書かれたものです。それぞれが、日本語母語話者と英語母語話者のどちらが書いたものか考えましょう。

### Abstracts A

How do native Japanese-speaking university students perceive their English proficiency? Are they confident, or not? At least they feel their English is not good enough. What factors lead students to perceive their English proficiency as low? We then conducted a questionnaire survey to identify what reasons learners have for their weakness and received 100 responses. The results showed that 85% of the respondents cited "not being able to speak English fluently" as the reason for their difficulties. Suggestions for strategies to help students have a more positive sense of English proficiency are needed.

### Abstracts B

This paper shows the results of a survey on the attitudes of native Japanese-speaking university students regarding their English proficiency and reveals to what they attribute their poor English skills. It has been pointed out that learners tend to feel that they do not excel at English. To clarify why they have this perception, the study conducted a questionnaire and obtained 100 responses. The results showed that 85% of the respondents chose "because I cannot speak English fluently" as the reason for their sense of difficulty. The paper finally proposed measures to help students have a more positive sense of their own English proficiency.

**2** 上記2つの英文にどのような違いがあるか、気付いたことをできるだけたくさん挙げましょう。

**3** 次は、**Abstracts B**からパターンを抜き出したテンプレートです。**Abstracts B**を参考に、空所に入る情報の種類を語群から選び、テンプレートを完成させましょう。

This paper shows ( 1.          ) and reveals ( 2.          ). It has been pointed out that
( 3.          ). To ( 4.          ), the study conducted ( 5.          ) and obtained ( 6.          ).
The results showed that ( 7.          ). The paper finally proposed ( 8.          ).

①本研究から得られた結果の総数　　②本研究が行う研究手法
③本稿が明らかにすること　　④本稿が提案すること
⑤これまでの研究で示されてきたこと　　⑥本研究の結果
⑦本稿が示すもの（トピック）　　⑧本研究の目的

**4** Abstracts AとBをもう一度読み比べ、英語ではどのような情報をいかに展開するのが好まれるか、各自で考えましょう。その後、どのような相違があるかグループで話し合いましょう。

ワンポイント解説

英語母語話者によって書かれた**Abstracts B**は、This paperを主語とする文で始まり、その論文が書かれている目的は何なのか、論文に書かれている研究のリサーチクエスチョンは何なのか、それに答えるために何を行ったのかについて直接的に書かれています。一方、日本語母語話者による**Abstracts A**では、研究の出発点が疑問形式で述べられていたり、研究の結果が示されたりしてはいるものの、要旨であることがわかりにくい文章となっています。

## STEP 2　Let's INPUT!

---

**INPUT ▽ Basic Words and Expressions**

❶ 論文の主題を明確に述べる表現
This paper explores [aims at/to] ~. 「この論文は～を探る［目的とする］」

❷ 研究の背景を説明する表現
Most of the research focus on ~. 「ほとんどの研究は～に焦点を当てている」
It has been widely accepted that SV. 「SVがこれまで広く受け入れられてきた」

❸ 結論を述べる表現
The results provide the evidence for ~. 「その結果は～の証拠を提供する」
It should be noted that SV. 「SVは留意されるべきである」

---

要旨には、よく使われる表現があります。日本語を参考に、空所を英語で埋め、表現をストックしましょう。頭文字が与えられているところもあります。

**1.** この論文は、英語学習者にとって何が困難であるかを明らかにすることを目的とする。

This paper (　　　　　　　　) to (　　　　　　　　　) what the difficulties are for English learners.

**2.** この論文では、身体運動が学生の学習習慣にどのような利益をもたらしうるのかを探求している。

The paper (　　　　　　　　) how physical exercise can (　　　　　　　　) students' study habits.

**3.** その結果は、聞きながら読むことが、より効果的な学習法であることの証拠を提供する。

The results ( p　　　　　　　) the evidence that reading while listening is a more ( e　　　　　　　) method of learning.

**4.** よく準備された計画が、良いプレゼンテーションの重要な部分であることは広く受け入れられている。

It has been widely (　　　　　　　) that well-( p　　　　　　) plans are the most important part of a good presentation.

**5.** 将来、より多くの人数を対象とする質問調査が行われる必要があることに留意すべきである。

It should be (　　　　　　　　　) that a questionnaire survey on a larger number of subjects needs to be ( c　　　　　　　) in the future.

## STEP 3 Let's OUTPUT!

**1** 要旨であることを意識しながら、空所に正しい英語を書きましょう。頭文字が与えられているところもあります。

**1.** この論文では、大学生にとって最も効果的なオンライン学習ツールは何かという調査結果を示す。

This paper shows the results of a survey about ( w           ) the most

(           ) online learning tools are for college students.

**2.** 学生がなぜこのような困難を抱えているのかを明らかにするため、本研究では、録画・書き起こしされたグループディスカッションを分析する。

To (           ) why students have this difficulty, this study

(           ) the group discussion that was recorded and transcribed.

**3.** その結果により、より多くのライティング課題を課された学習者の方が語学力が向上したことが示された。

The result (           ) that learners who were given more writing

assignments (           ) their language skills.

**4.** この論文は最後に、学生のライティング能力を向上させるための方法を提案している。

This paper finally ( p           ) measures to help students

( i           ) their writing skills.

**2** 要旨を書く場面を思い浮かべながら日本語文を完成させましょう。その後、主語や語順を意識し、英文を書きましょう。

**1.** この論文の目的は、＿＿＿＿＿＿＿＿＿＿＿＿＿＿＿＿＿＿＿＿を示すことである。

＿＿＿＿＿＿＿＿＿＿＿＿＿＿＿＿＿＿＿＿＿＿＿＿＿＿＿＿＿＿＿＿＿＿

**2.** 調査の結果として、＿＿＿＿＿＿＿＿＿＿＿＿＿＿＿＿を明らかにすることができた。

＿＿＿＿＿＿＿＿＿＿＿＿＿＿＿＿＿＿＿＿＿＿＿＿＿＿＿＿＿＿＿＿＿＿

**3** **Abstracsts B**のテンプレートを活用し、大学での第二外国語選択の動機についての研究を想定して、p. 143に要旨を書きましょう。

**STEP 4** Let's PRACTICE!

**1** Abstracts **C** も英語母語話者による論文の要旨です。空所に入る情報の種類を語群から選び、テンプレートを完成させましょう。

**Abstracts** **C**  DL 40 CD 40

The purpose of this paper is to show the results of a survey on how native Japanese-speaking university students perceive their English proficiency and to clarify the reasons for their low evaluations. Previous studies have mentioned that Japanese university students often say that they are not good at English. This raises the question of why they believe that they have this difficulty. To answer this, a questionnaire survey was conducted with 100 respondents. The result was that most answered that they were not good at English because they cannot speak it fluently. The paper finally proposes measures to make students evaluate their own proficiency more positively.

⬇

The purpose of this paper is to ( **1.**            ) and to ( **2.**            ). Previous studies have mentioned that ( **3.**            ). This raises the question of ( **4.**            ). To answer this, ( **5.**            ) was conducted with ( **6.**            ). The result was that ( **7.**            ). The paper finally proposes ( **8.**            ).

> ①本稿が提起する問題　②本研究から得られた結果の総数
> ③本稿が最終的に提案すること　④本研究の研究手法　⑤本研究の結果
> ⑥本稿の目的2（目的1を受けてできること）　⑦本稿のテーマに関連して一般的に指摘されていること　⑧本稿の目的1（目的2の前提となること）

👉 **ワンポイント解説**

卒業論文や授業で課される論文を書く際には、複数の研究論文を読みます。キーワードなどから研究論文を検索すると、さまざまなタイトルが検出されます。しかし、タイトルだけで、その論文が自分の研究と関連があるのかどうかを判断するのは難しいものです。そのため、研究論文を読むときは、まず要旨を読み、本文を読む必要があるか否かを判断します。そのため、読者が論文の大まかな内容を確認できるよう、要旨には「論文の目的」、「研究の背景」、「研究方法」、「結果」を明示することが大切です。

**2** Abstracts **C** を参考に、大学生活に関連する研究を想定して、p. 143に要旨を書きましょう。

**Let's POLISH!**

**1** **STEP 4**で作成した英文を使い、どのような要旨を書いたかグループでお互いに報告をしましょう。また、相手から得た情報を表にまとめましょう。

| | メンバー1<br>[名前：　　　　　　　] | メンバー2<br>[名前：　　　　　　　] |
|---|---|---|
| 本稿の目的1<br>（目的2の前提となること） | | |
| 本稿の目的2<br>（目的1を受けてできること） | | |
| 本稿のテーマに関連して<br>一般的に指摘されていること | | |
| 本稿が提起する問題 | | |
| 本研究の研究手法 | | |
| 本研究から得られた結果の<br>総数 | | |
| 本研究の結果 | | |
| 本稿が最終的に提案すること | | |

**2** 相手の要旨について、良くできている点や修正が必要だと思われる点を書き出し、お互いにフィードバックしましょう。

**3** **2**で相手からもらったアドバイスを参考に、**STEP 4**で書いた英文をp. 145に書き直しましょう。

**4** p. 145の **Check Points** にて、この章のふりかえりをしましょう。

# Acknowledgments

Chapter
14

謝辞とは、論文執筆や研究にあたって指導してくれた指導教官や協力してくれた人たちへの感謝を述べるものです。論文や研究を進めていく際には研究のアイデアのきっかけとなるアドバイスをくれる人や論文を添削してくれる人など、さまざまな人の力があるはずです。そのような人たちに感謝の気持ちを伝える多様な英語の表現方法を学びましょう。

## STEP 1 Let's ANALYZE!

**1** 次の２つの英文は、論文執筆の際にお世話になった人たちへの感謝の気持ちを記す謝辞を想定したものです。それぞれが、日本語母語話者と英語母語話者のどちらが書いたものか考えましょう。

### Acknowledgments A

 DL 41　CD 41

　There are a large number of people to whom I would like to express my thanks as I complete this thesis. First of all, I would like to express my deepest gratitude to my supervisor, Professor Steven Potter. He always gave me insightful comments and has encouraged me throughout the writing process. Without him, I could never have finished this thesis. I am also thankful to the members of Professor Potter's seminar class. They expanded my vision for analyzing language both theoretically and methodologically. Finally, I would like to thank everyone who helped me with my research. Their assistance with this thesis was invaluable.

### Acknowledgments B

 DL 42　 CD 42

　I would like to thank Professor Parker for his insightful advice and careful guidance throughout the preparation of this paper. I would also like to thank Associate Professor Cook and Lecturer Stewart in Parker's lab for their advice and guidance in the research. I am also thankful to my colleagues at Kanagi University for their advice and guidance in the preparation of this paper.

**2** 上記２つの英文にどのような違いがあるか、気付いたことをできるだけたくさん挙げましょう。

**3** 次は、**Acknowledgments A** からパターンを抜き出したテンプレートです。**Acknowledgments A** を参考に、空所に入る情報の種類を語群から選び、テンプレートを完成させましょう。ただし、同じ選択肢が複数回入るものもあります。

There are a large number of people to whom I would like to express my thanks as I complete ( **1.**        ). First of all, I would like to express my deepest gratitude to ( **2.**        ), ( **3.**        ). *He* always gave me ( **4.**        ) and has encouraged me throughout ( **5.**        ). Without *him*, I could never have finished ( **6.**        ). I am also thankful to ( **7.**        ). *They* ( **8.**        ). Finally, I would like to thank ( **9.**        ). ( **10.**        ) was invaluable.

①最も謝意を伝えたい人が与えてくれたこと　②次に謝意を伝えたい人 (たち)
③最も謝意を伝えたい人の立場　④最後に謝意を伝えたい人 (たち)
⑤最後に謝意を伝えたい人 (たち) がしてくれたこと
⑥最も謝意を伝えたい人の敬称と名前　⑦制作したもの
⑧次に謝意を伝えたい人 (たち) がしてくれたこと
⑨何をする過程において感謝しているのか

**4** **Acknowledgments A** と **B** をもう一度読み比べ、英語ではどのような情報をいかに展開するのが好まれるか、各自で考えましょう。その後、どのような相違があるかグループで話し合いましょう

ワンポイント解説

論文における謝辞とは、論文執筆に関わった全ての人の貢献に対する感謝を述べ、自身の研究を支援してくれた組織や機関などの貢献に対する評価を記す役割を果たす、論文の重要な構成要素です。一般的に、項目の順番は研究に対する貢献度の高い人物の順です。論文自体は客観性のある構成にしますが、謝辞の記載は主観的な文章でも構いません。例えば論文中で、自身についてはauthorと客観的に示すことが基本ですが、謝辞では一人称代名詞のI, my, meを使用することも可能です。また謝辞で感謝の気持ちを示す際には、その人に謝辞への掲載許可をとる必要があります。名前が謝辞に記載されることで、その論文を認めたことになり、責任を伴うことになるからです。

## STEP 2  Let's INPUT!

---

**INPUT** ▽ **Basic Words and Expressions**

**❶ 謝辞にて感謝の気持ちを伝える表現**

I am grateful [indebted] to ＋人 .「（人）に感謝します」

I am thankful for ＋事 .「（事）に感謝します」

I would like to express my gratitude to ＋人 .「（人）に感謝の意を表します」

I would also like to take the opportunity to thank ＋人 .

「また、この場を借りて（人）に感謝いたします」

Finally, my great thanks go to my parents.「最後に両親に心より感謝します」

**❷ 相手にしてもらったことについて謝辞に載せる表現**

insightful comments「洞察に満ちたコメント」

constructive comments「建設的なコメント」

generous advice「寛大な [惜しみない] アドバイス」

study, work, research「研究」　　guidance「指導」　　collaboration「協力」

---

謝辞を述べる場面では、よく使われる表現があります。日本語を参考に、空所を英語で埋め、表現をストックしましょう。頭文字が与えられているところもあります。

**1.** 本稿のテーマを提案してくれたカーペンター教授に感謝します。

The authors are ( g　　　　　　　　　　　　　　) to Professor Carpenter for

suggesting the ( t　　　　　　　　　) covered in this paper.

**2.** スミス教授には、この研究の初期段階での協力に感謝します。

I am ( i　　　　　　　　　) to Professor Smith for his (　　　　　　　　)

on the early stages of this work.

**3.** また、同僚から受けた寛大なアドバイスにも感謝します。

I'm also (　　　　　　　　　　　) for the (　　　　　　　　　　)

advice I have received from my colleagues.

**4.** 私は、サッチャー教授の建設的なコメントや提案に感謝の意を表します。

I would like to express my (　　　　　　　　　　　) to Professor Thatcher

for her (　　　　　　　　　) comments and suggestions.

**5.** この研究は、科学研究費補助金の支援を受けています。

This ( r　　　　　　　　　) was (　　　　　　　　　) by Grant-in-

Aid for Scientific Research.

**1** 謝辞であることを意識しながら、空所に正しい英語を書きましょう。頭文字が与えられているところもあります。

**1.** ダイヤー教授からはいつも洞察に満ちたコメントをくださり、温かく励ましてくださいました。

Professor Dyer gave me (　　　　　　　　　　　　　　　) comments and warm
(　　　　　　　　　　　).

**2.** データセットを共有してくれたタッカー教授に感謝します。

We would like to ( t　　　　　　　　　　　　　) Professor Tucker for
(　　　　　　　　　　　) her dataset with us.

**3.** 私の上司の存在なしでは私はこの企画を完了させることができませんでした。

(　　　　　　　　　　　　) my boss, I could never have
(　　　　　　　　　　　　) this project.

**4.** 最後に、私の研究に協力してくれたすべての人に感謝したいと思います。この論文を完成させるために、その方々の援助は私にとってかけがえのないものでした。

Finally, I would like to (　　　　　　　　　　　　　) everyone who helped
me with my research. Their assistance in completing this thesis was
(　　　　　　　　　　　).

**2** 謝辞を書く場面で感謝したい人々のことを思い浮かべながら日本語文を完成させましょう。その後、主語や語順を意識し、英文を書きましょう。

**1.** まず、＿＿＿＿＿＿＿＿＿＿＿＿＿＿＿＿＿＿＿＿＿に深く感謝します。

＿＿＿＿＿＿＿＿＿＿＿＿＿＿＿＿＿＿＿＿＿＿＿＿＿＿＿＿＿

**2.** また、この場を借りて＿＿＿＿＿＿＿＿＿＿＿＿＿＿＿に感謝したいと思います。

＿＿＿＿＿＿＿＿＿＿＿＿＿＿＿＿＿＿＿＿＿＿＿＿＿＿＿＿＿

**3** Acknowledgments **A**のテンプレートを活用し、研究論文の最後に感謝したい人々を思い浮かべながら、p. 147に謝辞を書きましょう。

## STEP 4 Let's PRACTICE!

**1** **Acknowledgments C**も英語母語話者による謝辞です。空所に入る情報の種類を語群から選び、テンプレートを完成させましょう。

## Acknowledgments C

I am deeply indebted to Professor Elizabeth Baker for her insightful comments and continued support. She always encouraged me and contributed greatly to the improvement of my research. I also would like to express my gratitude to Professor Yukiko Tsuji. Her class gave me various insights which greatly influenced the development of my ideas. I'm also thankful for the generous advice I have received from my colleagues. Finally, my deepest gratitude goes to my parents, Yuji and Satoe. I could never have written this thesis without their encouragement and warmest support throughout my life.

I am deeply indebted to ( **1.**　　　　) for *her* ( **2.**　　　　). *She* always encouraged me and contributed greatly to ( **3.**　　　　). I also would like to express my gratitude to ( **4.**　　). *Her* ( **5.**　　) gave me ( **6.**　　). I'm also thankful for ( **7.**　　). Finally, my deepest gratitude goes to ( **8.**　　). I could never have ( **9.** *done*　　) without *their* ( **10.**　　).

---

①他に謝意を伝えたい人（たち）や事柄　　②最後に謝意を伝えたい人（たち）
③もたらしてくれた結果　　④次に謝意を伝えたい人（たち）
⑤最後に謝意を伝えたい人（たち）が与えてくれたこと
⑥自分が成し遂げたこと　　⑦最も謝意を伝えたい人　　⑧活動・行動
⑨してくれたこと　　⑩次に謝意を伝えたい人（たち）が与えてくれたこと

---

 **ワンポイント解説**

**Acknowledgments C** では、この章で扱ったさまざまな感謝表現を用いて、指導教官やその他の教授、同僚たちに対する感謝の気持ちが表されています。また、最後に家族への心からの感謝の気持ちが綴られていることも注目すべき点です。英語の謝辞では人生の中で最も支えとなってきた家族への感謝も惜しみなく書いて構いません。日本語の謝辞では家族への感謝の気持ちを書かないこともありますが、これも文化的な違いと言えます。

**2** **Acknowledgments C**を参考に、卒業論文や修士論文の最後で感謝する場面を思い浮かべながら、p. 147に謝辞を書きましょう。

## STEP 5 Let's POLISH!

**1** **STEP 4**で作成した英文を使い、どのような謝辞を書いたかグループでお互いに報告をしましょう。また、相手から得た情報を表にまとめましょう。

|  | メンバー1<br>[名前:　　　　　　　] | メンバー2<br>[名前:　　　　　　　] |
|---|---|---|
| 最も謝意を伝えたい人 |  |  |
| してくれたこと |  |  |
| もたらしてくれた結果 |  |  |
| 次に謝意を伝えたい人(たち) |  |  |
| 活動・行動 |  |  |
| 次に謝意を伝えたい人(たち)が与えてくれたこと |  |  |
| 他に謝意を伝えたい人(たち)や事柄 |  |  |
| 最後に謝意を伝えたい人(たち) |  |  |
| 自分が成し遂げたこと |  |  |
| 最後に謝意を伝えたい人(たち)が与えてくれたこと |  |  |

**2** 相手の謝辞について、良くできている点や修正が必要だと思われる点を書き出し、お互いにフィードバックしましょう。

**3** **2**で相手からもらったアドバイスを参考に、**STEP 4**で書いた英文をp. 149に書き直しましょう。

**4** p. 149の**Check Points**にて、この章のふりかえりをしましょう。

本書には CD（別売）があります

# English Template Writing
## Deeper Idea Development
英語の思考と型を身に付けるテンプレート・ライティング

2024 年 1 月 20 日　初版第 1 刷発行
2024 年 2 月 20 日　初版第 2 刷発行

著　者　　八木橋宏勇
　　　　　野　村　佑　子
　　　　　多々良直弘
　　　　　Ash L. Spreadbury

発行者　　福　岡　正　人
発行所　　株式会社　金星堂

（〒 101-0051）東京都千代田区神田神保町 3-21
Tel. (03) 3263-3828（営業部）
(03) 3263-3997（編集部）
Fax (03) 3263-0716
https://www.kinsei-do.co.jp

編集担当　稲葉真美香・池田恭子　　　　　　Printed in Japan
印刷所・製本所／倉敷印刷株式会社

ISBN978-4-7647-4202-4　C1082

No. _____ Name _____

**STEP 3** **Let's OUTPUT!** (p. 10)

**3** **Self-Introduction B**のテンプレートを活用し、話題を膨らませる表現を使い、自分自身の自己紹介文を書きましょう。

_____
_____
_____
_____
_____
_____
_____
_____
_____
_____

Chapter **1** **Self-Introduction**

No. _____ Name _____

**STEP 4** **Let's PRACTICE!** (p. 11)

**2** **Self-Introduction C** を参考に、話題の膨らませ方を意識しながら、自己紹介文を書きましょう。

_____
_____
_____
_____
_____
_____
_____
_____
_____
_____

No. _____ Name _____

**STEP 5** **Let's POLISH!** (p. 12)

**3** **2** で相手からもらったアドバイスを参考に、**STEP 4**で書いた英文を書き直しましょう。

_____
_____
_____
_____
_____
_____
_____
_____
_____
_____

No. _____ Name _____

## Check Points

この章をふりかえって、あなたが意識できたと思うものにチェックを入れましょう。

☐ 英語として違和感のないまとまりのある英文を書けることを目指し、適格な一文を書けることに加え、英語らしい情報の流れにも注意を向ける

☐ 実例からテンプレートを作成し、どのような情報がいかに提示されるかを意識し、英語で好まれる話題展開の型を身に付ける

☐ 英語の自己紹介文では、情報を単に並べるのではなく、【抽象→具体】という流れで話題を膨らませながら展開することが好まれる

No. _____ Name _____

**STEP 3** **Let's OUTPUT!** (p. 16)

**3** **Apologies B** のテンプレートを活用し、過去に謝罪したことがある事例を思い浮かべながら、謝罪メールを書きましょう。

_____
_____
_____
_____
_____
_____
_____
_____
_____
_____

Chapter **2** **Apologies**

No. _____ Name _____

**STEP 4** **Let's PRACTICE!** (p. 17)

**2** **Apologies C** を参考に、過去に謝罪したことがある事例を思い浮かべながら、謝罪メールを書きましょう。

_____
_____
_____
_____
_____
_____
_____
_____
_____
_____

No. _____ Name _____

**STEP 5** **Let's POLISH!** (p. 18)

**3** **2** で相手からもらったアドバイスを参考に、**STEP 4** で書いた英文を書き直しましょう。

_____

_____

_____

_____

_____

_____

_____

_____

_____

No. _____ Name _____

## Check Points

この章をふりかえって、あなたが意識できたと思うものにチェックを入れましょう。

☐ 英語として違和感のないまとまりのある英文を書けることを目指し、適格な一文を
　書けることに加え、英語らしい情報の流れにも注意を向ける

☐ 実例からテンプレートを作成し、どのような情報がいかに提示されるかを意識し、
　英語で好まれる話題展開の型を身に付ける

☐ お詫びの気持ちを伝える場合、英語では「日頃の感謝の気持ち」は「言及することが
　期待されない情報」である。また、**Chapter 1** でも学んだように、英語らしい英文
　となるよう、情報の単発的な羅列をしない

No. _____ Name _____

**STEP 3** **Let's OUTPUT!** (p. 22)

**3** **Reports A** のテンプレートを活用し、部活・サークル・ゼミ活動あるいはアルバイト経験などを思い浮かべながら、出来事を報告する文を書きましょう。

_____
_____
_____
_____
_____
_____
_____
_____
_____
_____

No. _____ Name _____

**STEP 4** **Let's PRACTICE!** (p. 23)

**2** **Reports C** を参考に、高校時代お世話になった方に向けた「大学合格の報告メール」を書きましょう。

_____
_____
_____
_____
_____
_____
_____
_____
_____
_____

No. _____ Name _____

**STEP 5** **Let's POLISH!** (p. 24)

**3** **2** で相手からもらったアドバイスを参考に、**STEP 4**で書いた英文を書き直しましょう。

_____
_____
_____
_____
_____
_____
_____
_____
_____
_____

Chapter **3** **Reports**

No. _____ Name _____

###### ⟫⟫ **Check Points** ⟪⟪

この章をふりかえって、あなたが意識できたと思うものにチェックを入れましょう。

☐ 英語として違和感のないまとまりのある英文を書けることを目指し、適格な一文を書けることに加え、英語らしい情報の流れにも注意を向ける

☐ 実例からテンプレートを作成し、どのような情報がいかに提示されるかを意識し、英語で好まれる話題展開の型を身に付ける

☐ 英語の報告文では、冒頭で全体像を提示することが好まれる。これも **Chapter 1** で学んだ【抽象→具体】という流れで話題を膨らませる展開パターンの一つ

No. _____ Name _____

### STEP 3 Let's OUTPUT! (p. 28)

**3** **Requests B** のテンプレートを活用し、「海外留学に必要な推薦状」を依頼する文章を書きましょう。

_____
_____
_____
_____
_____
_____
_____
_____
_____
_____

---

No. _____ Name _____

### STEP 4 Let's PRACTICE! (p. 29)

**2** **Requests C** を参考に、奨学金応募時に必要な「推薦状を依頼するメール」を書きましょう。

_____
_____
_____
_____
_____
_____
_____
_____
_____
_____

No. _____    Name _____

**STEP 5** **Let's POLISH!** (p. 30)

**3** **2** で相手からもらったアドバイスを参考に、**STEP 4**で書いた英文を書き直しましょう。

_____
_____
_____
_____
_____
_____
_____
_____
_____

---

Chapter **4** **Requests**

No. _____    Name _____

### ❖❖❖ Check Points ❖❖❖

この章をふりかえって、あなたが意識できたと思うものにチェックを入れましょう。

☐ 英語として違和感のないまとまりのある英文を書けることを目指し、適格な一文を書けることに加え、英語らしい情報の流れにも注意を向ける

☐ 実例からテンプレートを作成し、どのような情報がいかに提示されるかを意識し、英語で好まれる話題展開の型を身に付ける

☐ 英語の依頼文では、依頼したい内容や締め切りのほか、推薦してもらう自身の情報も適切に提示する必要がある

No. _____ Name _____

**STEP 3** **Let's OUTPUT!** (p. 34)

**3** **Declining / Refusals A** のテンプレートを活用し、過去にどうしても都合がつかなかったことを思い浮かべながら、相手の提案を断る文を書きましょう。

_____
_____
_____
_____
_____
_____
_____
_____
_____
_____

Chapter **5** **Declining / Refusals**

No. _____ Name _____

**STEP 4** **Let's PRACTICE!** (p. 35)

**2** **Declining / Refusals C** を参考に、(引っ越し費用等の) 見積もりを出してもらった業者に、はっきりと断るメールの文面を書きましょう。

_____
_____
_____
_____
_____
_____
_____
_____
_____
_____

No. _____    Name _____

**STEP 5** **Let's POLISH!** (p. 36)

**3** **2** で相手からもらったアドバイスを参考に、**STEP 4**で書いた英文を書き直しましょう。

_____
_____
_____
_____
_____
_____
_____
_____
_____
_____

---

Chapter **5** **Declining / Refusals**

No. _____    Name _____

### Check Points

この章をふりかえって、あなたが意識できたと思うものにチェックを入れましょう。

☐ 英語として違和感のないまとまりのある英文を書けることを目指し、適格な一文を書けることに加え、英語らしい情報の流れにも注意を向ける

☐ 実例からテンプレートを作成し、どのような情報がいかに提示されるかを意識し、英語で好まれる話題展開の型を身に付ける

☐ 相手に断りを入れる際には、一方的に拒絶の意を示すことなく、相手への配慮と断る理由を明確に伝える必要がある

No. _____ Name _____

**STEP 3** **Let's OUTPUT!** (p. 40)

**3** **Proposals B** のテンプレートを活用し、図書館が募集している「本の展示企画」に提案する場面を思い浮かべながら、提案文を書きましょう。

_____
_____
_____
_____
_____
_____
_____
_____
_____

No. _____ Name _____

**STEP 4** **Let's PRACTICE!** (p. 41)

**2** **Proposals C** を参考に、学生団体が大学や地域団体にプロジェクトを提案する場面を思い浮かべながら、提案文を書きましょう。

_____
_____
_____
_____
_____
_____
_____
_____
_____
_____

No. _____ Name _____

STEP 5 **Let's POLISH!** (p. 42)

**3** **2** で相手からもらったアドバイスを参考に、**STEP 4**で書いた英文を書き直しましょう。

_____

_____

_____

_____

_____

_____

_____

_____

_____

---

Chapter **6** **Proposals**

No. _____ Name _____

### Check Points

この章をふりかえって、あなたが意識できたと思うものにチェックを入れましょう。

☐ 英語として違和感のないまとまりのある英文を書けることを目指し、適格な一文を書けることに加え、英語らしい情報の流れにも注意を向ける

☐ 実例からテンプレートを作成し、どのような情報がいかに提示されるかを意識し、英語で好まれる話題展開の型を身に付ける

☐ 相手が求めること、自分達が提案したい内容について十分な調査を行い、具体的な計画や取り組み、見込まれる効果について明確に書く

No. _____ Name _____

**STEP 3** **Let's OUTPUT!** (p. 46)

**3** Recommendations / Personal Statements **A** のテンプレートを活用し、留学先に提出する志望動機・理由書、自己推薦文を書きましょう。

_____
_____
_____
_____
_____
_____
_____
_____
_____
_____

**Chapter** **7** **Recommendations / Personal Statements**

No. _____ Name _____

**STEP 4** **Let's PRACTICE!** (p. 47)

**2** Recommendations / Personal Statements **C** を参考に、自己推薦で「学部長賞」に応募する際の自己推薦文を書きましょう。

_____
_____
_____
_____
_____
_____
_____
_____
_____
_____

**STEP 5** **Let's POLISH!** (p. 48)

**3** **2** で相手からもらったアドバイスを参考に、**STEP 4**で書いた英文を書き直しましょう。

_____
_____
_____
_____
_____
_____
_____
_____
_____
_____

---

## ▶▶ Check Points ◀◀

この章をふりかえって、あなたが意識できたと思うものにチェックを入れましょう。

☐ 英語として違和感のないまとまりのある英文を書けることを目指し、適格な一文を書けることに加え、英語らしい情報の流れにも注意を向ける

☐ 実例からテンプレートを作成し、どのような情報がいかに提示されるかを意識し、英語で好まれる話題展開の型を身に付ける

☐ 英語の志望動機・理由書や自己推薦文では、「目的」と「自分が相応しい人物である」ことを明快に提示し、経験やデータなどを引用して、より説得力のある情報を含めるのが良い

No. _____ Name _____

**STEP 3** **Let's OUTPUT!** (p. 52)

**3** **Opinions B** のテンプレートを活用し、レポートを書く際にAIを活用する是非について、意見表明文を書きましょう。

_____
_____
_____
_____
_____
_____
_____
_____
_____
_____

Chapter **8** **Opinions**

No. _____ Name _____

**STEP 4** **Let's PRACTICE!** (p. 53)

**2** **Opinions C** を参考に、リサーチ課題をどのようにまとめるべきかについて考え、意見やその理由を意識して、意見表明文を書きましょう。

_____
_____
_____
_____
_____
_____
_____
_____
_____
_____

No. _____ Name _____

**STEP 5** **Let's POLISH!** (p. 54)

**3** **2** で相手からもらったアドバイスを参考に、**STEP 4** で書いた英文を書き直しましょう。

_____

_____

_____

_____

_____

_____

_____

_____

_____

Chapter **8** **Opinions**

No. _____ Name _____

### ⟫⟫⟫ **Check Points** ⟪⟪⟪

この章をふりかえって、あなたが意識できたと思うものにチェックを入れましょう。

☐ 英語として違和感のないまとまりのある英文を書けることを目指し、適格な一文を
書けることに加え、英語らしい情報の流れにも注意を向ける

☐ 実例からテンプレートを作成し、どのような情報がいかに提示されるかを意識し、
英語で好まれる話題展開の型を身に付ける

☐ 意見を述べるときは「意見→理由→理由の詳細」の順に展開し、「理由の詳細」は「意見」
を支えており一貫性がある

No. _____ Name _____

**STEP 3** **Let's OUTPUT!** (p. 58)

**3** **Asking for Advice B** のテンプレートを活用し、所属する（もしくは所属を検討している）部活やサークルに関する問題を思い浮かべながら、相談文を書きましょう。

_____
_____
_____
_____
_____
_____
_____
_____
_____
_____

Chapter **9** **Asking for Advice**

No. _____ Name _____

**STEP 4** **Let's PRACTICE!** (p. 59)

**2** **Asking for Advice C** を参考に、所属する（もしくは所属を検討している）アルバイトに関する問題を思い浮かべながら、相談文を書きましょう。

_____
_____
_____
_____
_____
_____
_____
_____
_____
_____

No. _____  Name _____

STEP 5 **Let's POLISH!** (p. 60)

3 2 で相手からもらったアドバイスを参考に、**STEP 4**で書いた英文を書き直しましょう。

_____
_____
_____
_____
_____
_____
_____
_____
_____
_____

---

**Chapter** **9** **Asking for Advice**

No. _____  Name _____

## ⟫⟫⟫ **Check Points** ⟪⟪⟪

この章をふりかえって、あなたが意識できたと思うものにチェックを入れましょう。

☐ 英語として違和感のないまとまりのある英文を書けることを目指し、適格な一文を書けることに加え、英語らしい情報の流れにも注意を向ける

☐ 実例からテンプレートを作成し、どのような情報がいかに提示されるかを意識し、英語で好まれる話題展開の型を身に付ける

☐ 何が問題で、何に困っているのかを明言し、問題に至る背景や、なぜ問題となったのかという詳細を描写する

No. _____  Name _____

### STEP 3 Let's OUTPUT! (p. 64)

**3** **Narrating Past Events A** のテンプレートを活用し、これまで履修して、最も印象に残っている授業を思い浮かべながら、その出来事について書きましょう。

_____
_____
_____
_____
_____
_____
_____
_____
_____
_____

---

Chapter **10** **Narrating Past Events**

No. _____  Name _____

### STEP 4 Let's PRACTICE! (p. 65)

**2** **Narrating Past Events C** を参考に、留学や研修など学校以外の場で経験したことを思い浮かべながら、その出来事について書きましょう。

_____
_____
_____
_____
_____
_____
_____
_____
_____
_____

No. _____  Name _____

**STEP 5** **Let's POLISH!** (p. 66)

**3** **2** で相手からもらったアドバイスを参考に、**STEP 4** で書いた英文を書き直しましょう。

_____
_____
_____
_____
_____
_____
_____
_____
_____
_____

---

Chapter **10** **Narrating Past Events**

No. _____  Name _____

### ❯❯❯ **Check Points** ❮❮❮

この章をふりかえって、あなたが意識できたと思うものにチェックを入れましょう。

☐ 英語として違和感のないまとまりのある英文を書けることを目指し、適格な一文を書けることに加え、英語らしい情報の流れにも注意を向ける

☐ 実例からテンプレートを作成し、どのような情報がいかに提示されるかを意識し、英語で好まれる話題展開の型を身に付ける

☐ 客観的に過去の出来事を語り、その出来事が自分にどのような影響を与えたかなども詳細に述べる

No. _____ Name _____

**STEP 3** **Let's OUTPUT!** (p. 70)

**3** **Gratitude A** のテンプレートを活用し、どこかを案内してくれた人や何かを紹介して［教えて］くれた人を思い浮かべながら、御礼状を書きましょう。

_____

_____

_____

_____

_____

_____

_____

_____

_____

---

Chapter **11** **Gratitude**

No. _____ Name _____

**STEP 4** **Let's PRACTICE!** (p. 71)

**2** **Gratitude C** を参考に、自分のために何かをしてくれた人に対して感謝する場面を思い浮かべながら、御礼状を書きましょう。

_____

_____

_____

_____

_____

_____

_____

_____

_____

_____

No. _____ Name _____

**STEP 5** **Let's POLISH!** (p. 72)

**3** **2** で相手からもらったアドバイスを参考に、***STEP 4*** で書いた英文を書き直しましょう。

_____
_____
_____
_____
_____
_____
_____
_____
_____
_____

---

Chapter **11** **Gratitude**

No. _____ Name _____

### ⬥⬥⬥ Check Points ⬥⬥⬥

この章をふりかえって、あなたが意識できたと思うものにチェックを入れましょう。

☐ 英語として違和感のないまとまりのある英文を書けることを目指し、適格な一文を書けることに加え、英語らしい情報の流れにも注意を向ける

☐ 実例からテンプレートを作成し、どのような情報がいかに提示されるかを意識し、英語で好まれる話題展開の型を身に付ける

☐ 相手がしてくれたこと、手助けがなければなし得なかったこと、感謝する理由を "Thank you" 以外の表現も用いて書き、相手の行為に対し返礼を行う意思を示す

No. _____ Name _____

**STEP 3** **Let's OUTPUT!** (p. 76)

**3** **Cover Letters A** のテンプレートを活用し、インターンシップに申し込む場面を思い浮かべながら、送付状を書きましょう。

_____
_____
_____
_____
_____
_____
_____
_____
_____
_____

No. _____ Name _____

**STEP 4** **Let's PRACTICE!** (p. 77)

**2** **Cover Letters C** を参考に、留学やインターンシップに応募する場面を思い浮かべながら、送付状を書きましょう。

_____
_____
_____
_____
_____
_____
_____
_____
_____
_____

No. _____ Name _____

STEP 5 **Let's POLISH!** (p. 78)

**3** **2** で相手からもらったアドバイスを参考に、**STEP 4** で書いた英文を書き直しましょう。

_____

_____

_____

_____

_____

_____

_____

_____

_____

---

Chapter **12** **Cover Letters**

No. _____ Name _____

### ❖❖❖ Check Points ❖❖❖

この章をふりかえって、あなたが意識できたと思うものにチェックを入れましょう。

☐ 英語として違和感のないまとまりのある英文を書けることを目指し、適格な一文を書けることに加え、英語らしい情報の流れにも注意を向ける

☐ 実例からテンプレートを作成し、どのような情報がいかに提示されるかを意識し、英語で好まれる話題展開の型を身に付ける

☐ 相手に送る資料について明記し、簡単な自己紹介と応募理由、機会を与えられた場合に、それをどう活かせるかを客観的に述べる

No. _____     Name _____

**STEP 3** **Let's OUTPUT!** (p. 82)

**3** **Abstracts B** のテンプレートを活用し、大学での第二外国語選択の動機についての研究を想定して、要旨を書きましょう。

_____

_____

_____

_____

_____

_____

_____

_____

_____

_____

No. _____     Name _____

**STEP 4** **Let's PRACTICE!** (p. 83)

**2** **Abstracts C** を参考に、大学生活に関する研究を想定して、要旨を書きましょう。

_____

_____

_____

_____

_____

_____

_____

_____

_____

_____

**3** **2** で相手からもらったアドバイスを参考に、**STEP 4**で書いた英文を書き直しましょう。

_____
_____
_____
_____
_____
_____
_____
_____
_____

# Chapter **13** **Abstracts**

No. _____  Name _____

## Check Points

この章をふりかえって、あなたが意識できたと思うものにチェックを入れましょう。

☐ 英語として違和感のないまとまりのある英文を書けることを目指し、適格な一文を書けることに加え、英語らしい情報の流れにも注意を向ける

☐ 実例からテンプレートを作成し、どのような情報がいかに提示されるかを意識し、英語で好まれる話題展開の型を身に付ける

☐ 要旨では、「論文の目的」「研究の背景」「研究方法」「結果」を明確に示し、その論文が何のために書かれているのかを読み手に簡潔に伝える

# Chapter 14 Acknowledgments

No. _____  Name _____

**STEP 3** Let's OUTPUT! (p. 88)

3 **Acknowledgments A** のテンプレートを活用し、研究論文の最後に感謝したい人々を思い浮かべながら、謝辞を書きましょう。

_____

_____

_____

_____

_____

_____

_____

_____

_____

_____

# Chapter 14 Acknowledgments

No. _____  Name _____

**STEP 4** Let's PRACTICE! (p. 89)

2 **Acknowledgments C** を参考に、卒業論文や修士論文の最後で感謝する場面を思い浮かべながら、謝辞を書きましょう。

_____

_____

_____

_____

_____

_____

_____

_____

_____

_____

No. _____ Name _____

**STEP 5** **Let's POLISH!** (p. 90)

**3** **2** で相手からもらったアドバイスを参考に、**STEP 4**で書いた英文を書き直しましょう。

_____
_____
_____
_____
_____
_____
_____
_____
_____
_____

# Chapter (14) Acknowledgments

No. _____ Name _____

## ⟫⟫ Check Points ⟪⟪

この章をふりかえって、あなたが意識できたと思うものにチェックを入れましょう。

☐ 英語として違和感のないまとまりのある英文を書けることを目指し、適格な一文を
書けることに加え、英語らしい情報の流れにも注意を向ける

☐ 実例からテンプレートを作成し、どのような情報がいかに提示されるかを意識し、
英語で好まれる話題展開の型を身に付ける

☐ 研究の際にお世話になった人たちがしてくれたことを具体的かつ客観的に記し、さ
まざまな感謝表現を使用して、謝辞を書く